गद्य-गरिमा

गद्य-गरिमा

मुम्बई विश्वविद्यालय बी.ए. तृतीय वर्ष के लिए पाठ्यपुस्तक

सम्पादन

हिन्दी अध्ययन मंडल

अध्यक्ष

डॉ. विष्णु सरवदे

प्रोफेसर एवं अध्यक्ष
हिन्दी विभाग
मुम्बई विश्वविद्यालय

सदस्य

डॉ. मनप्रीत कौर

अध्यक्ष, हिन्दी विभाग
गुरु नानक महाविद्यालय
गुरु तेग बहादुर नगर
सायन, मुम्बई

सदस्य

डॉ. अनिल ढवले

अध्यक्ष, हिन्दी विभाग
के.जी. जोशी कॉलेज ऑफ आर्ट्स
एण्ड
एन.जी. बेडेकर कॉलेज ऑफ कॉमर्स
ठाणे

वाणी प्रकाशन

पाठ्यक्रम समिति

वाणी प्रकाशन

4695, 21-ए, दरियागंज, नयी दिल्ली 110 002

शाखा

अशोक राजपथ, पटना 800 004

फ़ोन : +91 11 23273167 फ़ैक्स : +91 11 23275710

www.vaniprakashan.in
vaniprakashan@gmail.com
sales@vaniprakashan.in

GADYA-GARIMA
Edited by Hindi Adhyayan Mandal

ISBN : 978-93-5229-749-8

प्रथम संस्करण

मूल्य : ₹ 55

सिटी प्रेस, दिल्ली-110 095 में मुद्रित

वाणी प्रकाशन का लोगो मक़बूल फ़िदा हुसेन की कूची से

आधुनिक हिन्दी गद्य विधाओं का विकास

हिन्दी साहित्य का आधुनिक काल गद्य युग कहलाता है। आधुनिक युग से पूर्व हिन्दी साहित्य में पद्य का प्राधान्य था। पाश्चात्य प्रभाव, मुद्रण कला के विकास और ज्ञान-विज्ञान के विविध क्षेत्रों में प्रगति ने आधुनिक हिन्दी साहित्यकारों को गद्य के विभिन्न रूपों में लिखने की प्रेरणा दी। ऐतिहासिक दृष्टि से आधुनिक काल से पूर्व हिन्दी गद्य लेखन के प्रयास ब्रजभाषा और राजस्थानी गद्य में मिलते हैं। फोर्ट विलियम कॉलेज की स्थापना, ईसाई धर्म प्रचारकों और आर्य समाज तथा ब्रह्म समाज के समाज सुधारों से हिन्दी गद्य के विकास में सहायता मिली लेकिन हिन्दी गद्य को सुनिश्चित दिशा और स्वरूप भारतेन्दु के आगमन से ही मिला।

भारतेन्दु हरिश्चन्द्र (1850-1885 ई.) ने 'कविवचनसुधा' और 'हरिश्चन्द्र मैगज़ीन' नामक पत्रिकाएँ प्रकाशित कीं। इन पत्रिकाओं के माध्यम से भारतेन्दु और उनके सहयोगी लेखकों पं. प्रतापनारायण मिश्र, बालकृष्ण भट्ट, बद्रीनारायण चौधरी 'प्रेमघन', लाला श्रीनिवास दास, पं. राधाचरण गोस्वामी एवं राधाचरण दास आदि ने विविध गद्य विधाओं में लिखकर हिन्दी गद्य के स्वरूप का निर्माण किया। 'बालाबोधिनी', 'प्रदीप', 'ब्राह्मण' इस युग की अन्य प्रसिद्ध पत्रिकाएँ हैं। इन पत्रिकाओं में अपने युग की आर्थिक-सामाजिक एवं राजनीतिक समस्याओं को आधार बनाकर इन रचनाकारों ने नाटक आदि परम्परागत गद्य-रूपों के अतिरिक्त कहानी, उपन्यास, आलोचना, निबन्ध, जीवनी, आत्मकथा आदि नये-नये गद्य-रूपों की रचना की।

हिन्दी गद्य के विकास में आचार्य महावीर प्रसाद द्विवेदी (1864-1938 ई.) का ऐतिहासिक महत्त्व है। द्विवेदी जी पच्चीस वर्ष तक सरस्वती पत्रिका के सम्पादक रहे। सम्पादक के रूप में हिन्दी गद्य की त्रुटियों और न्यूनताओं का परिष्कार करके द्विवेदी जी ने उसके स्वरूप को निखारा। हिन्दी गद्य को परिमार्जित करने में उन्हें जिन लेखकों ने सहयोग दिया, उनके नाम हैं : डॉ. श्यामसुन्दर दास, मिश्रबन्धु, बालमुकुन्द गुप्त, चन्द्रधर शर्मा गुलेरी, अयोध्यासिंह उपाध्याय हरिऔध, माधव

प्रसाद मिश्र आदि। नाटक, उपन्यास, कहानी आदि मुख्य गद्य-रूपों के अतिरिक्त कुछ नवीन गद्य विधाओं–जीवनी, यात्रावृत्त, संस्मरण, पत्रसाहित्य आदि को भी इस युग में विकास का अवसर मिला।

हिन्दी गद्य की विकास-यात्रा में प्रेमचन्द युग (1918-1936 ई.) का विशेष महत्त्व है। प्रेमचन्द के उपन्यासों और कहानियों ने कथा-साहित्य को यथार्थ की भूमि पर लाकर खड़ा किया। काव्य के क्षेत्र में यह युग छायावादी युग कहलाता है। छायावाद के आधारस्तम्भ जयशंकर प्रसाद ने अतीत के गौरवपूर्ण इतिहास को नाटकों, कहानियों और उपन्यासों को काव्यमयी भाषा में प्रस्तुत कर गद्य-भाषा को नया आयाम दिया। निबन्ध और आलोचना के क्षेत्र में लगभग इसी काल में पं. रामचन्द्र शुक्ल का अभ्युदय हुआ। उनके वैचारिक निबन्धों ने हिन्दी गद्य को उत्कर्ष की चरम ऊँचाई तक पहुँचा दिया। परवर्ती युग में जैनेन्द्र, यशपाल, आचार्य हजारी प्रसाद द्विवेदी, डॉ. रामविलास शर्मा, आचार्य नंददुलारे वाजपेयी, आदि की गद्य रचनाओं से हिन्दी गद्य को समृद्धि मिली।

छायावादोत्तर युग हिन्दी गद्य साहित्य की सर्वाङ्गीण उन्नति का युग है। अन्तर्राष्ट्रीय स्तर पर युद्ध की विभीषिका, भारत के विभाजन और स्वतन्त्रता प्राप्ति से मानवीय मूल्यों में तेज़ी से परिवर्तन हुआ। स्वातन्त्र्योत्तर युग में आस्था के विघटन, जीवन की जटिलताओं और परिवर्तित जीवन-मूल्यों को हिन्दी के गद्यकारों ने नये सन्दर्भों के साथ नयी भाषा में उकेरा। मोहन राकेश, जगदीशचन्द्र माथुर ने नाट्य साहित्य को नयी दिशाएँ दीं। लक्ष्मीनारायण लाल, गिरिजाकुमार माथुर, विनोद रस्तोगी आदि ने एकांकी के माध्यम से सामाजिक यथार्थ को अभिव्यक्ति दी। नरेश मेहता (यह पथ बन्धु था), निर्मल वर्मा (वे दिन), मन्नू भंडारी (आपका बंटी), कृष्णा सोबती (डार से बिछुड़ी) आदि ने अनिश्चय की स्थिति में डाँवाडोल होते हुए मनुष्य को अपने उपन्यासों का विषय बनाया। कहानी के क्षेत्र में इस युग में विशेष हलचल रही। साहित्यिक गोष्ठियों और पत्र-पत्रिकाओं के विशेषांकों में कहानी चर्चा का केन्द्र बनी। नयी कहानी, सचेतन कहानी, अकहानी आन्दोलन हुए। इस पीढ़ी के रचनाकारों–गोविन्द मिश्र, सिद्धेश, सुदर्शन नारंग, पानू खोलिया, ममता कालिया आदि ने संवेदना ही नहीं, रूपबन्ध के स्तर पर कहानी को नए आयाम दिए। शिवप्रसाद सिंह, विद्यानिवास मिश्र, कुबेरनाथ राय के निबन्धों ने निबन्ध कला को समृद्धि प्रदान की। व्यावहारिक और सैद्धान्तिक आलोचना, दोनों दृष्टियों से इस युग में डॉ. नगेन्द्र का योगदान अप्रतिम है।

युग की चुनौतियों अर्थात् भूमंडलीकरण, सूचनाक्रान्ति और उत्तर-आधुनिकता से उपजी नयी मानसिकता को कहानी, उपन्यास, एकांकी, आलोचना आदि

गद्य-विधाओं ने तो रूपायित किया ही—रेखाचित्र, संस्मरण, यात्रासाहित्य, व्यंग्य, साक्षात्कार, रिपोर्ताज़, इंटरव्यू जैसी गौण समझी जाने वाली विद्याओं ने भी नये मुहावरे के साथ प्रस्तुत किया। रिपोर्ताज़ और इंटरव्यू लेखन तो इसी युग की देन हैं। हिन्दी गद्य विधाओं के विकास की यह गति असाधारण है।

निबन्ध

निबन्ध गद्य साहित्य की महत्त्वपूर्ण विधा है। जिसमें लेखक किसी विषय का स्वच्छन्द, सुसम्बद्ध, मौलिक एवं आकर्षक विवेचन करता है। निबन्धकार साधारण से साधारण विषय को भी मौलिक चिन्तन, तर्कसम्मत दृष्टिकोण द्वारा विवेचित करता हुआ पाठकों के समक्ष निर्णयात्मक निष्कर्ष प्रस्तुत कर देता है। निबन्ध विचारों और भावों की सुन्दर अभिव्यक्ति के साथ-साथ निबन्धकार के निजी, वैयक्तिक गुणों को भी प्रकाशित करते हैं। अतः निबन्ध एक महत्त्वपूर्ण गद्य विधा है।

निबन्ध शब्द अंग्रेजी के 'Essay' का हिन्दी पर्याय है। जिसका शाब्दिक अर्थ है—किसी विषय पर विचारों को सूत्रबद्ध करना, एकत्र करना, संचित कर संगठित करना आदि। विचार प्रधान रचना ही निबन्ध का अर्थ वहन करने में सक्षम कही जा सकती है। विषय का तार्किक विश्लेषण, रोचकता, सरसता, पाठकों से आत्मीयता, कलात्मक वैशिष्ट्य निबन्ध के प्रमुख गुण हैं। निबन्ध विधा का विकास आधुनिक युग में हुआ। संस्कृत साहित्य में निबन्ध बौद्धिक अभिव्यक्ति का माध्यम भर थे। निजी अनुभूति, सहजता, स्वच्छन्दता, प्रभावान्विति जैसे गुणों का इनमें अभाव था। आधुनिक युग का निबन्ध साहित्य इससे सर्वथा भिन्न है। किसी भी विषय पर व्यक्तिगत विचारों को अभिव्यक्ति प्रदान करते हुए निबन्धकार स्वच्छन्द चिन्तन द्वारा विषय के प्रतिपादन में नवीनता लाता है। किसी भी विषय पर निबन्ध रचना की जा सकती है। यथा—सुधारात्मक प्रवृत्ति प्रधान, समीक्षात्मक, भाव प्रवण, राष्ट्रीय चेतना प्रधान, मनोविकारों सम्बन्धी। सुगठित कलेवर में शृंखलाबद्ध ढंग से विवेचन कर निबन्धकार श्रेष्ठ निबन्धों की रचना कर सकता है। संस्कृत की इस उक्ति कि—'गद्य कवियों की कसौटी है।' पर आचार्य रामचन्द्र शुक्ल का यह कथन—"कि यदि गद्य कवियों की कसौटी तो निबन्ध गद्यकार की कसौटी है।"—निबन्ध कला का महत्त्व दर्शाने के लिए पर्याप्त है।

हिन्दी निबन्ध का जन्म विकास का सम्पूर्ण श्रेय पाश्चात्य निबन्ध साहित्य को जाता है। हिन्दी निबन्ध साहित्य का उदय भारतेन्दु युग से हुआ। विचारों की दृष्टि से पुनर्जागरण कहे जाने वाले इस युग में राजनीतिक जनचेतना, समाज सुधार, धर्म, अध्यात्म, आर्थिक दुर्दशा, अतीत का गौरव गान, हास्य

व्यंग्यात्मक विषयों पर सुन्दर निबन्ध लिखे गये। इस युग में अधिकांश निबन्ध तत्कालीन पत्र-पत्रिकाओं—भारतेन्दु हरिश्चन्द्र, ब्राह्मण, हिन्दी प्रदीप, आनन्द कादम्बिनी, सदादर्श आदि में नियमित रूप से प्रकाशित होते थे। भारतेन्दु युगीन प्रमुख निबन्धकार हैं—भारतेन्दु हरिश्चन्द्र, प्रतापनारायण मिश्र, बालकृष्ण भट्ट, बदरीनारायण चौधरी प्रेमघन, श्रीनिवास दास, राधाचरण गोस्वामी, काशीनाथ खत्री आदि। तत्कालीन युग की समस्याओं का यथार्थ चित्रण करने में ये सभी निबन्धकार विशेष प्रयत्नशील रहे।

द्विवेदी युग में निबन्धकला की दृष्टि से विशेष विकास नहीं हुआ। गम्भीर पाण्डित्य प्रदर्शन की प्रवृत्ति एवं अति सुधारात्मक, नैतिकतावादी दृष्टिकोण के परिणामस्वरूप रोचक, सरस, जीवन्त निबन्धों का अभाव रहा। बालमुकुन्द गुप्त, सरदार पूर्णसिंह एवं चन्द्रधर शर्मा गुलेरी के निबन्ध इस दृष्टि से अपवाद कहे जा सकते हैं। सरदार पूर्णसिंह ने नैतिक और सामाजिक विषयों से जुड़े श्रेष्ठ निबन्ध लिखे। संख्या में कम होने पर भी उनके निबन्ध हिन्दी साहित्य की अमूल्य निधि हैं। उनके द्वारा लिखित भावपूर्ण निबन्ध पाठकों को रसमग्न करने में सक्षम हैं। इस युग के अन्य निबन्धकारों में महावीरप्रसाद द्विवेदी, माधव प्रसाद मिश्र, बाबू श्यामसुन्दर दास, मिश्रबन्धु आदि प्रमुख हैं।

निबन्धों के इतिहास में आचार्य रामचन्द्र शुक्ल का योगदान विशेष रूप से उल्लेखनीय है। शुक्ल जी ने निबन्ध साहित्य को नयी दिशा एवं प्रौढ़ता प्रदान की। पाश्चात्य और भारतीय विचारों का समन्वय करते हुए उन्होंने श्रेष्ठ भावात्मक, विचारात्मक, सामाजिक, मनोवैज्ञानिक निबन्ध लिखे। बाबू श्यामसुन्दर दास, बाबू गुलाबराय, प्रेमचन्द, पदुमलाल पुन्नालाल बख्शी, प्रसाद, माखनलाल चतुर्वेदी, जैनेन्द्र इस युग के श्रेष्ठ निबन्धकार हैं। शुक्लोत्तर युग में निबन्ध कला का व्यापक विकास हुआ। इस युग में आत्मपरक, समीक्षात्मक ललित निबन्ध अधिक लिखे गये। आचार्य हजारी प्रसाद द्विवेदी के गम्भीर चिन्तन, मनन परक, अनुभवों से सिंचित विचारात्मक निबन्ध जो सहज, सरस शैली में लिखे गये इस युग की अमूल्य निधि हैं। प्रगतिशील, मार्क्सवादी विचारधारा से प्रभावित निबन्ध लेखन से इस विधा का अभूतपूर्व विकास हुआ। उनके समकालीन निबन्धकारों में जैनेन्द्र, रामवृक्ष बेनीपुरी, बनारसीदास चतुर्वेदी, डॉ. नगेन्द्र, इन्द्रनाथ मदान, लक्ष्मीकांत वर्मा आदि प्रमुख हैं। गद्य में काव्य जैसा आस्वादन देने वाले ललित निबन्धों की रचना से निबन्ध साहित्य में अभूतपूर्व प्रगति हुई। ललित निबन्धकारों में, कन्हैयालाल मिश्र प्रभाकर, विद्यानिवास मिश्र, कुबेरनाथ राय उल्लेखनीय हैं।

साठोत्तरी के निबन्धकारों में प्रभाकर माचवे, हरिशंकर परसाई, शरद जोशी,

आचार्य नरेन्द्र देव, भगवत शरण उपाध्याय, विवेकी राय, अशोक वाजपेयी आदि प्रमुख हैं। युवा निबन्धकारों में प्रभाकर श्रोत्रिय, चन्द्रकान्त बांदिवडेकर, नन्दकिशोर, प्रकाशचन्द्र गुप्त जैसे निबन्धकारों के नाम उल्लेखनीय हैं जिन्होंने सांस्कृतिक, सामाजिक विषयों पर उत्कृष्ट निबन्ध लिखे हैं। निबन्ध लेखन की परम्परा निरन्तर प्रवाहमान है। आज की बदलती परिस्थितियों, विद्रूपताओं, अन्तर्विरोधों को सशक्त लेखनी के माध्यम से अभिव्यक्ति देने में निबन्ध आज एक प्रभावोत्पादक गद्य विधा के रूप में प्रतिष्ठित है।

नाटक

नाटक साहित्य की प्रमुख गद्य विधा है। संस्कृत आचार्यों ने साहित्य के दोनों रूपों गद्य एवं पद्य को 'काव्य' संज्ञा से ही अभिहित किया है। काव्य के दो भेद माने गये हैं—श्रव्य काव्य और दृश्य काव्य। जिन रचनाओं का आनन्द मुख्य रूप से सुन कर लिया जाता है वे श्रव्य काव्य के अन्तर्गत आते हैं जैसे कविता, कहानी, उपन्यास, रेखाचित्र आदि। जिन रचनाओं का आनन्द नेत्रों द्वारा लिया जाता है उसे 'दृश्य काव्य' के अन्तर्गत रखा जाता है। नाटक का सम्बन्ध नेत्रों से है, दर्शक नाटक के माध्यम से कथानक का रंगमंच पर अभिनय देखते हैं अतः यह दृश्य काव्य है।

नाटक की उत्पत्ति 'नट' धातु से मानी गयी है। नाटक का अर्थ है—अभिनय करना, नट लोगों की क्रिया। 'जब कलाकार घटनाओं का अनुकरण कर हमारे सम्मुख अभिनय द्वारा उसको उपस्थित करता है वह नाटक कहलाता है।' नाटक अन्य साहित्यिक विधाओं की भाँति सृजनात्मक साहित्य है जिसमें विचार पक्ष की अपेक्षा भावों की प्रधानता रहती है। 'काव्येषु नाटकं रम्यम्' कहकर प्राचीन आचार्यों ने नाटकों का सम्बन्ध जन साधारण से जोड़ा है। इसे 'पाँचवाँ वेद' कहकर भी सम्बोधित किया जाता है।

भारतीय नाटक परम्परा अति प्राचीन है। संस्कृत नाटकों की समृद्धिशाली परम्परा के अतिरिक्त प्राकृत, अपभ्रंश, जैन, बौद्ध साहित्य में भी नाट्यकला का विकास हुआ है। संस्कृत नाटकों की गौरवशाली परम्परा के ह्रास के बाद नाटक के क्षेत्र में एक बहुत बड़ा अभाव देखा गया। हिन्दी साहित्य के आदिकाल एवं मध्यकाल में नाटक को विशेष प्रश्रय नहीं मिला। अन्य गद्य विधाओं की भाँति नाटक साहित्य का भी भारतेन्दु युग में विकास हुआ। भारतेन्दु काल से कुछ समय पूर्व लोकजीवन में साहित्यिक नाटकों की अपेक्षा पारम्परिक लोक नाटक प्रचलित थे जिनमें धार्मिक आडम्बरों, वीर पूजा की प्रवृत्ति अधिक थी। भारतेन्दु

पूर्व भाषा-नाटकों में ब्रज भाषा में भी कुछ नाटक लिखे गये थे। उनमें प्राणचन्द कृत 'रामायण महानाटक', हृदयराम पंजाबी कृत 'हनुमन्नाटक', बनारसीदास जैन कृत 'समयसार नाटक', नेवाज कृत 'शकुन्तला', विश्वनाथ सिंह कृत 'आनन्द रघुनन्दन' आदि प्रमुख हैं। परन्तु हिन्दी साहित्य में नाटक लिखने की परम्परा का शुभारम्भ भारतेन्दु हरिश्चन्द्र से हुआ।

भारतेन्दु को नाट्य रचना की प्रेरणा संस्कृत नाटकों के अनूदित रूप तथा शेक्सपियर के नाटकों से प्राप्त पाश्चात्य नाट्य स्वरूप से मिली। पाश्चात्य नाट्य साहित्य तथा संस्कृत नाटकों का अन्धानुकरण न कर उन्होंने दोनों शैलियों का समन्वय करते हुए अनेक मौलिक, अनूदित एवं रूपातंरित नाटकों की रचना की। उनकी मौलिक कृतियों में प्रेम जोगिनी, चंद्रावली, भारत जननी, भारत दुर्दशा, नील देवी, सती प्रताप उल्लेखनीय हैं। भारतेन्दु ने 'नाटक' निबन्ध लिखकर–नाट्य रचना के आदर्श प्रस्तुत किये। उनकी प्रेरणा से समकालीन नाटककारों ने ऐतिहासिक, पौराणिक कथानकों के माध्यम से आदर्श पात्रों का चरित्र वर्णन करते हुए सामाजिक, राजनीतिक जनजागृति, समाजसुधार विषयक नाटकों की रचना की। इस युग के प्रमुख नाटककार हैं–श्रीनिवासदास (संयोगिता स्वयंवर, श्री प्रहलाद चरित्र), राधाकृष्ण दास (महारानी पद्मावती, महाराणा प्रताप), बालकृष्ण भट्ट (दमयंती स्वयंवर, वेणीसंहार), राधाचरण गोस्वामी (बूढ़े मुँह मुँहासे), अम्बिकादत्त व्यास (कलियुग और घी) आदि। भारतेन्दु युग में हिन्दी नाटक अपनी शैशवावस्था में रहा। विषय-वैविध्य होते हुए भी शिल्प-विधान टेकनीक की दृष्टि से भारतेन्दुयुगीन नाट्यकला में पर्याप्त परिमार्जन की आवश्यकता थी।

द्विवेदी युग में हिन्दी नाटक साहित्य का विशेष विकास नहीं हुआ। महावीर प्रसाद द्विवेदी भारतेन्दु के समान एक युग प्रवर्त्तक नाटककार नहीं थे। खड़ी बोली को व्याकरणसम्मत बनाने, उसे व्यवस्थित रूप प्रदान करने, नैतिक आदर्शों की स्थापना के प्रति अधिक सचेष्ट रहने के कारण नाटकों के क्षेत्र में विशेष प्रगति नहीं हो सकी फलतः जिस गति से भारतेन्दु युग में नाट्य रचना हुई वह गति द्वि वेदी युग में शिथिल हो गयी।

प्रसाद युग में नाट्यकला में अभूतपूर्व प्रगति हुई। जयशंकर प्रसाद ने भाषा, भाव, विचार, अन्वेषण, अध्ययन आदि से परिपक्व होते हुए उन्होंने नाट्य क्षेत्र में पदार्पण किया। इतिहास और नाट्यकला का अद्भुत समन्वय कर रंगमंच अभिनय की दृष्टि से उन्होंने उत्कृष्ट कोटि के नाटकों की रचना की। भारतीय एवं पाश्चात्य नाट्य शैलियों की विशेषताओं से युक्त उनके नाटक–विशाख, अजातशत्रु, स्कन्दगुप्त, चन्द्रगुप्त, ध्रुवस्वामिनी हिन्दी नाट्य साहित्य की अमूल्य

निधि हैं। घटना विस्तार, दुरूह संवाद योजना, काव्यात्मक भाषा की दृष्टि से भले ही ये नाटक आधुनिक रंगमंच पर अभिनीत न किये जा सकते हों पर हिन्दी नाट्य साहित्य के इतिहास में उनका महत्त्व अक्षुण्ण है। प्रसाद युगीन अन्य नाटककारों में हरिकृष्ण प्रेमी, गंगा प्रसाद श्रीवास्तव, बद्रीनाथ भट्ट, सेठ गोविन्ददास, गोविंद बल्लभ पंत, विश्वम्भर नाथ शर्मा कौशिक, सुदर्शन, बलदेव प्रसाद मिश्र प्रमुख हैं। ऐतिहासिक, पौराणिक, सामाजिक नाटकों की रचना इस युग में की गई जिनका प्रचलन भारतेन्दु युग में हुआ था परन्तु वे विकसित नहीं हो सके थे। प्रसाद युग में इनका समुचित विकास हुआ। पाश्चात्य एकांकी कला से प्रभावित होकर एक अंक वाले नाटक-एकांकी का आरम्भ भी इसी समय हुआ। डॉ. रामकुमार वर्मा, उग्र, भुवनेश्वर प्रसाद ने श्रेष्ठ एकांकियों की रचना की।

छायावादोत्तर युग में पश्चिमी नाटकों के प्रभाव से हिन्दी नाटकों में समस्याओं के यथार्थ चित्रण की प्रवृत्ति विकसित हुई। आधुनिक जीवन की समस्याओं को नवीन परिप्रेक्ष्य में नाटकों में चित्रित किया जाने लगा। जीवन की विसंगतियों, अन्तर्विरोधों, मानवीय दुर्बलताओं प्रेम, सैक्स, दमित वासनाओं, अन्तर्द्वन्द्व के द्वारा आधुनिक भावबोध को रूपायित करने वाले नाटकों की रचना अधिक की गयी। उपेन्द्रनाथ अश्क कृत 'अंजो दीदी', 'अलग-अलग रास्ते', विष्णु प्रभाकर कृत 'डाक्टर', जगदीश चन्द्र माथुर कृत 'कोणार्क', 'शारदीया', धर्मवीर भारती कृत 'अन्धा युग', नरेश मेहता कृत 'संशय की रात', मोहन राकेश कृत 'आधे अधूरे', 'आषाढ़ का एक दिन' आदि नाट्य कृतियाँ इस दृष्टि से विशेष उल्लेखनीय हैं।

स्वतन्त्रता प्राप्ति के पश्चात आधुनिक नाटककारों ने मोहभंग की स्थिति, जीवन-मूल्यों में आए बदलाव से प्रेरित होकर नये भावबोध को प्रमुखता देते हुए सशक्त नाटकों की रचना की है। इन नाटककारों ने जीवन के यथार्थ को स्वाभाविकता के साथ अपने नाटकों में उतारा है। बिना साज सज्जा, आडम्बर, रंगमंच के अभाव में खेले जाने वाले नाटकों, नुक्कड़ नाटकों, फ्रायड के मनोविज्ञान पर आधारित नाटकों की रचना आज अधिक की जाती है। भाषा सम्बन्धी क्रांतिकारी परिवर्तन की दृष्टि से आज के नाटक अधिक जीवन्त, नाटकीय एवं जनजीवन की समस्याओं को उजागर करने वाले हैं। आधुनिकता की इस प्रक्रिया को महत्त्व देने वाले नाटककारों में सुरेन्द्र वर्मा, रमेश बक्षी, ज्ञानदेव अग्निहोत्री, मुद्राराक्षस, विपिन अग्रवाल, सर्वेश्वरदयाल सक्सेना, अमृत राय, भीष्म साहनी, डॉ. गंगा प्रसाद विमल आदि प्रमुख हैं। नवीन प्रयोगों एवं रंगमंचीय नवीन टेकनीक के सहयोग से आज भी नाटक जीवन की अभिव्यक्ति करने वाले एक सशक्त माध्यम के रूप में जाना जाता है।

एकांकी

एकांकी का शाब्दिक अर्थ है—एक अंक वाला नाटक। एक ही अंक में समाप्त होने वाली नाट्य कृति को एकांकी नाटक कहा जाता है। एकांकी दृश्य काव्य के अन्तर्गत एक अभिनेय विधा है जो नाटक के समान ही पाठकों एवं दर्शकों पर अपना प्रभाव छोड़ती है। एकांकी अपेक्षाकृत अत्यन्त आधुनिक नाट्य विधा है। यह नाटक से भिन्न अपना स्वतन्त्र अस्तित्व रखती है। एकांकी अंग्रेजी के 'one act play' का हिन्दी रूपान्तरण है। इसमें कथानक मुख्यतः एक ही घटना अथवा भाव पर केन्द्रित रहते हुए तीव्र गति से विकसित होता है। नाटक की भाँति इस विधा में जीवन की व्यापकता का चित्रण विस्तार से, भिन्न-भिन्न प्रकार से नहीं किया जाता वरन एक अंक एक ही घटना और भाव, जीवन के किसी महत्त्वपूर्ण क्षण, कार्य अथवा उद्देश्य को प्रभावशाली ढंग से प्रस्तुत करता है। एकांकीकार पात्रों की सीमित संख्या में संकलन-त्रय का निर्वाह करता है।

संस्कृत साहित्य में रूपक-उपरूपकों के रूप में लघुनाटकों के भेद प्राप्य हैं। हिन्दी में संस्कृत के इन भेदों की प्राचीन परम्परा का अनुसरण करते हुए लघु नाटकों के रूप में एकांकी नाटकों का उदय हुआ। पाश्चात्य साहित्य के प्रभाव से हिन्दी के लघु नाटकों को 'एकांकी' नाम से अभिहित किया जाने लगा। भारतेन्दु युग और द्विवेदी युग में एकांकी साहित्य में विशेष संवृद्धि नहीं हुई। प्रसाद युग में एकांकी विधा के विकास की ओर विशेष ध्यान दिया गया। इस युग में संस्कृत नाट्य शास्त्र के परम्परागत नियमों की अपेक्षा आधुनिक पाश्चात्य एकांकी कला के तत्त्वों को अपनाने पर विशेष ध्यान दिया गया। संवाद, भाषा, शिल्प-विधान की दृष्टि से नवीन टेकनीक का प्रयोग इस युग के एकांकी साहित्य की प्रमुख विशेषता थी। प्रसाद का 'एक घूँट' हिन्दी साहित्य का प्रथम एकांकी माना जा सकता है। बेचन शर्मा उग्र, चंडी प्रसाद हृदयेश, गंगाप्रसाद श्रीवास्तव, प्रसाद युग के श्रेष्ठ एकांकीकार हैं। विषय की दृष्टि से इनके द्वारा लिखित एकांकियों में राजनीति, समाज सुधार, हास्य व्यंग्य की प्रचुरता है।

प्रसादोत्तर युग में रंगमंच अभिनय की दृष्टि से नवीन प्रयोगों द्वारा एकांकी साहित्य में क्रांतिकारी परिवर्तन आए। मनोविश्लेषणात्मक, समस्यामूलक, प्रेम, सैक्स, आधुनिक जीवन की विसंगतियों, विद्रूपताओं पर व्यंग्य करने वाले अनेक सफल एकांकी लिखे गये। हिन्दी साहित्य में एकांकी विधा को सुदृढ़, विकसित करने का श्रेय डॉ. रामकुमार वर्मा को है जिन्होंने ऐतिहासिक, सामाजिक, धार्मिक, समस्या मूलक, मनोविश्लेषणात्मक अनेक प्रकार के एकांकियों की रचना कर इस

विधा को नाटक के समान प्रतिष्ठित एवं लोकप्रिय बनाने में महत्त्वपूर्ण योगदान दिया। जीवन के आदर्श गुणों, सात्विक विचारों, नैतिकता, सद्‌गुणों, दया, करुणा, प्रेम, आत्मबलिदान और मानवीय दुर्बलताओं पर विजय प्राप्त कर सद्‌मार्ग की ओर प्रेरित करने की दिशा में उनके एकांकी अद्वितीय हैं। जगदीश चन्द्र माथुर, सेठ गोविन्ददास, उदयशंकर भट्ट इस युग के अन्य श्रेष्ठ एकांकीकार हैं।

आधुनिक युग में रेडियो और टेलीविजन माध्यमों को ध्यान में रखते हुए अनेक एकांकी लिखे गये। प्रचार एवं प्रसार की दृष्टि से यह विधा निरन्तर विकास की ओर अग्रसर है। नवीन प्रयोग एवं टेकनीक की दृष्टि से आधुनिक एकांकी विषय-वैविध्य एवं शिल्प-वैविध्य द्वारा आज अपनी स्वतन्त्र पहचान बनाने में सक्षम है। आधुनिक एकांकीकारों में धर्मवीर भारती, विष्णु प्रभाकर, जयनाथ नलिन, भारत भूषण अग्रवाल, विनोद रस्तोगी, रेवती शरण शर्मा, प्रभाकर माचवे का नाम विशेष रूप से उल्लेखनीय है। आज के एकांकी नाटक प्रयोगशील हैं। नयी पीढ़ी के एकांकीकारों ने कथ्य, रंगमंचीय शिल्प, संवाद, संघर्ष, मनोविज्ञान सम्बन्धी नवीन प्रयोग करते हुए हिन्दी एकांकी को नयी दिशा प्रदान की है। शिल्प एवं रंगमंच की दृष्टि से आज के एकांकी सफल कहे जा सकते हैं।

कहानी

कहानी कहने और सुनने की प्रवृत्ति सृष्टि के आरम्भ से मनुष्य के मन में रही है लेकिन गद्य विधा के रूप में 'हिन्दी कहानी' सर्वथा आधुनिक युग की देन है। भारत के प्राचीन साहित्य—पंचतंत्र, हितोपदेश, ब्राह्मण ग्रन्थों आदि में कहानी के बीज मिलते हैं किन्तु आधुनिक हिन्दी कहानी का आरंभ इंशाअल्ला खाँ की 'रानी केतकी की कहानी' और राजा शिवप्रसाद 'सितारेहिन्द' की 'राजा भोज का सपना' से माना जाता है। भारतेन्दु युग के उत्तरार्द्ध में सन् 1900 ई. में किशोरीलाल गोस्वामी की 'इन्दुमती' नामक कहानी प्रकाशित हुई। पं. रामचन्द्र शुक्ल की 'ग्यारह वर्ष का समय', बंगमहिला की 'दुलाईवाली', जयशंकर प्रसाद की 'ग्राम' आदि कहानियाँ लगभग इसी समय लिखी गयीं जिनमें हिन्दी कहानी का आरम्भिक रूप दिखाई देता है। चन्द्रधर शर्मा 'गुलेरी' की बहुचर्चित कहानी 'उसने कहा था' और प्रेमचन्द की प्रसिद्ध कहानी 'पंच परमेश्वर' (1916 ई.) ने हिन्दी कहानी के रूप को सँवार दिया।

प्रेमचन्द निस्सन्देह हिन्दी के कथा सम्राट हैं। लगभग तीन सौ कहानियों के रचनाफलक पर प्रेमचन्द ने जन सामान्य के दुःख-दर्द को उकेरा। 'पूस की रात', 'कफन', 'ईदगाह', 'बड़े भाई साहब', 'नमक का दारोगा', 'ठाकुर का कुआँ',

'शतरंज के खिलाड़ी' उनकी प्रख्यात रचनाएँ हैं। प्रेमचन्द की ग्रामीण परिवेश और राष्ट्रीय चेतना से अनुप्राणित कहानियों से अलग जयशंकर प्रसाद ने कल्पना-प्रवण भावुक कहानियों की रचना की। 'छाया', 'आँधी', 'इन्द्रजाल', 'आकाशदीप' आदि उनके कहानी-संग्रहों में करुणा, निश्छल प्रेम और उत्सर्ग की भावना उभर कर आयी। विवेच्य युग के अन्य कहानी लेखकों में विश्वम्भर नाथ शर्मा कौशिक, सुदर्शन, चतुरसेन शास्त्री, राय कृष्णदास आदि उल्लेखनीय हैं।

प्रेमचन्दोत्तर युग विषय और शिल्प की दृष्टि से वैविध्य का काल है। इस युग की हिन्दी कहानी में प्रगतिवादी, व्यक्तिवादी, आंचलिक प्रवृत्तियाँ उभरकर सामने आयीं। प्रगतिवादी विचारधारा के प्रमुख रचनाकार हैं यशपाल। 'पिंजड़े की उड़ान', 'वो दुनिया', 'ज्ञानदान', 'फूलो का कुर्ता' आदि उनके कहानी संग्रहों में वर्ग संघर्ष, मनोविश्लेषण और पैना व्यंग्य उल्लेखनीय है। इस युग की कहानी को मनोविश्लेषणात्मक धरातल पर प्रतिष्ठित करने वाले कहानीकारों में इलाचन्द्र जोशी (धूपरेखा, दीवाली और होली, खँडहर की आत्माएँ), अज्ञेय (विपथगा, कोठरी की बात, शरणार्थी), जैनेन्द्र कुमार (जयसंधि, आत्मशिक्षण) प्रमुख हैं। अन्तर्मुखी प्रवृत्ति के रचनाकार जैनेन्द्र की उपेक्षित और निरीह पात्रों तथा बाह्य मनोविज्ञान को आधार बनाकर लिखी गयी कहानियाँ विशेष रूप से उल्लेखनीय हैं।

स्वातन्त्र्योत्तर युग में हिन्दी कहानी का बहुमुखी विकास हुआ। विपुल कथा साहित्य और कहानी पर व्यापक विचार-विमर्श ने इस युग की कहानी को 'नयी कहानी' शीर्षक से अभिहित किया। शिवप्रसाद सिंह (मुर्दासराय), मार्कण्डेय (गुलरा के बाबा, हंसा जाई अकेला), फणीश्वरनाथ रेणु (तीसरी कसम) की कहानियो में मिट्टी की सोंधी महक थी। भीष्म साहनी, शेखर जोशी, शैलेश मटियानी, शानी और अमरकान्त भी कहानी के इसी मोड़ से जुड़े महत्त्वपूर्ण हस्ताक्षर हैं अमरकान्त की 'डिप्टी कलक्टरी', 'जिन्दगी और जोंक', 'हत्यारे' आदि कहानियँ आधुनिकताबोध के जीवन्त आयामों को छूती हुई दृष्टिगत होती हैं।

नयी कहानी के तथाकथित उन्नायकों—मोहन राकेश, राजेन्द्र यादव, कमलेश्व ने आधुनिक जीवन में तनाव और मूल्यों के संघर्ष को रूपायित किया। राजेन्द्र याद की कहानियों में वैयक्तिकता पर सामाजिकता हावी है, मोहन राकेश तनावों क और कमलेश्वर तनावों के बीच मूल्यान्वेषण के लिए सचेष्ट रहते हैं। सर्वेश्वरदया सक्सेना, धर्मवीर भारती और कुँवरनारायण की कहानियों पर काव्यगत रोमानिय की छाप है। इस युग की महिला कथाकारों—कृष्णा सोबती, उषा प्रियंवदा औ मन्नू भंडारी ने आधुनिक नारी की मनःस्थिति, पति-पत्नी के सम्बन्धों को नय परिभाषा देने का प्रयास किया। नारी की मानसिक ऊहापोह, पुरुष के मन क

शंकाओं और ईर्ष्याओं को बारीकी से प्रस्तुत करने में मन्नू भंडारी सिद्धहस्त हैं।

जीवन की घुटन, अनिश्चितता, निरर्थकता को व्यक्त करने वाले कहानीकारों में निर्मल वर्मा (परिन्दे, लन्दन की एक रात) प्रमुख हैं। अकेलापन, ऊब, निर्वासन के भाव को व्यक्त करने वाले अन्य रचनाकारों में ज्ञानरंजन (फेंस के इधर उधर), दूधनाथ सिंह (रक्तपात), गिरिराज किशोर (पेपरवेट), महेन्द्र भल्ला (एक पति के नोट्स), काशीनाथ सिंह (चायघर में मृत्यु) के नाम उल्लेखनीय हैं। सातवें और आठवें दशक के कहानीकार मोह और रोमांस से मुक्त हैं। सृजन की आन्तरिक विवशता से प्रेरित होकर सपाट भाषा में जीवन के जटिल अर्थों को प्रेषित करने वाले आज के कथाकारों में जितेन्द्र भाटिया, श्रवण कुमार, ममता कालिया, दीप्ति खण्डेलवाल, उदय प्रकाश, नासिरा शर्मा, मैत्रेयी पुष्पा, मृदुला गर्ग के नाम उल्लेखनीय हैं।

उपन्यास

उपन्यास में कहानी का अन्तस् विद्यमान रहता है लेकिन उपन्यास कहानी से भिन्न होता है। उपन्यास किसी एक व्यक्ति अथवा समाज के लगभग सम्पूर्ण जीवन की कथा को एक विशिष्ट उद्देश्य के साथ प्रायः वृहत् आकार में प्रस्तुत करने वाली आधुनिक गद्य विधा है। यद्यपि इसके सूत्र प्राचीन भारतीय साहित्य—पंचतंत्र, हितोपदेश, वैतालपंचविंशति, कादम्बरी आदि में खोजे जा सकते हैं। आधुनिक उपन्यास के रचनाशिल्प पर प्राचीन भारतीय परम्परा की अपेक्षा पाश्चात्य साहित्य का प्रभाव है। भारतेन्दु और उनके सहयोगी रचनाकारों ने मौलिक उपन्यास लिखने का प्रयास किया। इसके साथ ही बांग्ला और अंग्रेज़ी उपन्यासों के अनुवाद भी प्रस्तुत किये गये। भारतेन्दु के जीवनकाल में 1882 ई. में लाला श्रीनिवास दास ने 'परीक्षा गुरु' नामक उपन्यास की रचना की जिसे पं. रामचन्द्र शुक्ल आदि आलोचकों ने हिन्दी का पहला उपन्यास स्वीकार किया है। भारतेन्दु युग के अनेक लेखकों ने सामाजिक, पौराणिक, प्रेम प्रधान उपन्यास लिखे। इनमें श्रद्धाराम फिल्लौरी का 'भाग्यवती', रत्नचन्द्र प्लीडर का 'नूतन चरित्र', राधाकृष्ण दास का 'निस्सहाय हिन्दू' आदि उल्लेखनीय हैं।

हिन्दी उपन्यास की विकास यात्रा के द्वितीय उत्थान में तिलस्मी और जासूसी उपन्यासों का प्राधान्य रहा। देवकीनन्दन खत्री के प्रसिद्ध उपन्यास 'चन्द्रकान्ता', 'चन्द्रकान्ता सन्तति' और 'भूतनाथ' इसी युग में रचे गये। गोपालराम गहमरी ने इस युग में लगभग एक सौ पचास जासूसी उपन्यासों की रचना की। किशोरीलाल गोस्वामी इस युग के ऐतिहासिक उपन्यासकार हैं। इस युग में मराठी, गुजराती और विशेष रूप से बांग्ला उपन्यासों के अनुवादों का बाहुल्य रहा।

प्रेमचन्द के आविर्भाव से हिन्दी उपन्यास में नए युग का आरम्भ हुआ। उनके उपन्यास भारत के राष्ट्रीय आन्दोलनों के सटीक भाष्य हैं और उत्तरी भारत के सवाक् चित्र। 'प्रेमाश्रम', 'वरदान', 'सेवासदन' से 'ग़बन', 'निर्मला', 'कर्मभूमि', 'रंगभूमि', 'कायाकल्प', 'गोदान' तक उनकी उपन्यास कला निरन्तर उत्कर्ष की ओर बढ़ी। प्रेमचन्द के अतिरिक्त इस युग में जयशंकर प्रसाद ने 'कंकाल', 'तितली' और 'इरावती' के रूप में कुछ अलग प्रकार के उपन्यास रचे। इनके अलावा इस युग के अन्य उपन्यासकार हैं, पाण्डेय बेचन शर्मा 'उग्र' (बुधुआ की बेटी), विश्वम्भर नाथ शर्मा कौशिक (माँ, भिखारिन) और वृंदावन लाल वर्मा। वृंदावन लाल वर्मा ने इतिहास की पृष्ठभूमि पर 'मृगनयनी', 'झाँसी की रानी', 'विराटा की पद्मिनी' आदि उपन्यासों की रचना की। हिन्दी के ऐतिहासिक उपन्यासकारों में दूसरा उल्लेखनीय नाम आचार्य हजारी प्रसाद द्विवेदी का है। 'बाणभट्ट की आत्मकथा' और 'चारु चन्द्रलेख' के अतिरिक्त 'पुनर्नवा' उनके प्रसिद्ध ऐतिहासिक उपन्यास हैं।

प्रेमचन्द के पश्चात भारत की राजनीतिक और सामाजिक स्थिति में द्रुतगति से परिवर्तन हुए। व्यक्ति और समाज के समीकरण बदले। अतः उपन्यास क्षेत्र में भी सामाजिकता का नया स्तर उपस्थित हुआ। चतुरसेन शास्त्री, उपेन्द्रनाथ अश्क आदि उपन्यासकारों ने सामाजिक समस्याओं पर अपनी लेखनी को केन्द्रित किया। भगवती प्रसाद वाजपेयी, अमृतलाल नागर, रांगेय राघव के उपन्यासों में सामाजिक वैषम्य मुखर होकर सामने आया। 'बूँद और समुद्र', 'सुहाग के नूपुर' और 'मानस का हंस' में व्यक्ति और समाज के सापेक्षिक सम्बन्ध को अमृतलाल नागर ने बखूबी चित्रित किया है।

यशपाल ने 'पार्टी कामरेड', 'देशद्रोही' आदि कृतियों से मार्क्सवादी उपन्यासों की परम्परा आरम्भ की। राहुल सांकृत्यायन के 'सिंह सेनापति' और 'वोल्गा से गंगा तक' आदि उपन्यासों ने इस परम्परा को आगे बढ़ाया। रांगेय राघव का 'कब तक पुकारूँ' और भैरव प्रसाद गुप्त का 'सत्ती मैया का चौरा' इस परम्परा की महत्त्वपूर्ण कड़ियाँ हैं।

किसी प्रदेश विशेष अथवा अंचल के जीवन और रीति-रिवाज़ों को आधार बनाकर लिखे गये उपन्यासों में फणीश्वरनाथ रेणु का 'मैला आँचल' और 'परती परिकथा' विशेष प्रसिद्ध हुए। नागार्जुन के उपन्यासों में दरभंगा, पूर्णिया जिले का राजनीतिक, सांस्कृतिक साक्षात्कार होता है। 'रतिनाथ की चाची', 'बलचनमा', 'बाबा बटेसरनाथ' उनके प्रसिद्ध उपन्यास हैं। उदयशंकर भट्ट का 'सागर लहरें और मनुष्य' मछुआरों की जीवन-शैली प्रस्तुत करने में सक्षम आंचलिक उपन्यास

है। श्रीलाल शुक्ल का 'रागदरबारी' भी ग्रामांचल से सम्बद्ध रिपोर्ताज शैली में लिखी गयी रचना है।

प्रेमचन्दोत्तर युग में जैनेन्द्र और अज्ञेय के आगमन से हिन्दी में पहली बार व्यक्ति के अन्तर्मन को टटोलने का प्रयास हुआ। जैनेन्द्र जी के 'सुनीता', 'त्यागपत्र', 'सुखदा' और इलाचन्द्र जोशी के 'संन्यासी', 'पर्दे की रानी' आदि में चारित्रिक प्रवृत्तियों और वैयक्तिक समस्याओं का सूक्ष्म विश्लेषण हुआ है। फ्रॉयड के मनोविज्ञान से प्रभावित अज्ञेय ने 'शेखर : एक जीवनी', 'नदी के द्वीप' आदि में गम्भीर और जटिल मनःस्थितियों को प्रस्तुत किया है।

स्वातन्त्र्योत्तर उपन्यासों में वस्तु और शिल्प की दृष्टि से क्रान्तिकारी परिवर्तन हुए। मोहन राकेश का 'अँधेरे बन्द कमरे', राजेन्द्र यादव का 'उखड़े हुए लोग', नरेश मेहता का 'डूबते मस्तूल', लक्ष्मीनारायण लाल का 'बड़ी चम्पा : छोटी चम्पा', उषा प्रियम्वदा का 'रुकोगी नहीं राधिका' इसके उदाहरण हैं। प्रयोगशील शिल्प की दृष्टि से सर्वेश्वरदयाल कृत 'सोया हुआ जल', लक्ष्मीकान्त वर्मा का 'खाली कुर्सी की आत्मा', धर्मवीर भारती का 'सूरज का सातवाँ घोड़ा' महत्त्वपूर्ण औपन्यासिक रचनाएँ हैं। 'सोया हुआ जल' में एक यात्रीशाला में ठहरे हुए यात्रियों की एक रात की ज़िन्दगी का वर्णन है। और 'खाली कुर्सी की आत्मा' में बिकती हुई कुर्सी के माध्यम से कथा की प्रस्तुति है।

उपरोक्त उपन्यासकारों के अतिरिक्त सातवें, आठवें और नौवें दशक में निर्मल वर्मा, गिरिराज किशोर, गोविन्द मिश्र, राजकमल चौधरी, द्रोणवीर कोहली आदि ने सतत सक्रिय रहकर हिन्दी उपन्यास को समृद्ध बनाया है। बीसवीं शताब्दी के उत्तरार्द्ध में महिला उपन्यासकारों की भी एक सशक्त पीढ़ी उभरकर सामने आयी है; कृष्णा सोबती, मन्नू भंडारी, ममता कालिया के अतिरिक्त मृदुला गर्ग, राजी सेठ, चित्रा मुद्गल, नासिरा शर्मा, सूर्यबाला, मृणाल पाण्डे आदि ने आधुनिक संवेदना और शिल्प दोनों दृष्टियों से उपन्यास लेखन कला में नयी ऊँचाइयों को स्पर्श किया है।

बीसवीं शती के अंतिम दो दशकों में दलित उपन्यासकारों की उत्कृष्ट रचनाएँ आई हैं। प्रेम कपाड़िया की 'मिट्टी की सौगन्ध', सत्यप्रकाश की 'जस तस भई सबेर', रामजी सहाय की 'बन्धनमुक्ति' आदि कुछ प्रसिद्ध औपन्यासिक कृतियाँ हैं।

रेखाचित्र

रेखाचित्र हिन्दी की नवीनतम गद्य विधाओं में से एक है। जिस प्रकार चित्रकार तूलिका से चित्र बनाता है। ठीक उसी प्रकार रेखाचित्रकार शब्दों के माध्यम से

जीवन की विविध घटनाओं, व्यक्तियों तथा दृश्यों का सजीव चित्र प्रस्तुत कर देता है। पाठकों के समक्ष उस व्यक्ति, घटना प्रसंग की चित्रात्मक अभिव्यक्ति ही रेखाचित्र कहलाती है। रेखाचित्र अंग्रेजी के 'Sketch' शब्द का हिन्दी पर्याय है। हिन्दी साहित्यकोश के अनुसार—रेखाचित्र किसी व्यक्ति, वस्तु-घटना या भाव का कम से कम शब्दों में मर्मस्पर्शी, भावपूर्ण एवं सजीव अंकन है। प्रसिद्ध रेखाचित्रकार रामवृक्ष बेनीपुरी इसके लिए 'शब्दचित्र' का प्रयोग करते हैं। डॉ. नगेन्द्र ने इसे 'स्मृतिचित्र' के नाम से अभिहित किया है। रेखाचित्र संस्मरण विधा का कलात्मक एवं विकसित रूप माना जा सकता है।

रेखाचित्र न पूर्णतया निबन्ध है और न ही कहानी! तथापि इन दोनों के तत्त्वों का समावेश उसमें अवश्य है। अतीत की स्मृतियों में कोई पात्र चरित्र अपने विराट व्यक्तित्व के साथ मानस पटल पर इतना प्रभाव अंकित कर दे कि रचनाकार उसकी चारित्रिक विशेषताओं के उद्‌घाटन की ओर अग्रसर हो उठे, पाठकों को उस व्यक्ति विशेष के उन गुणों से वैसे ही चमत्कृत कर दे इसी में उत्कृष्ट रेखाचित्र की सार्थकता मानी जाती है। रेखाचित्र संस्मरण विधा का कलात्मक एवं विकसित रूप भी कहा जा सकता है। रेखाचित्र साहित्यिक, मनोवैज्ञानिक, ऐतिहासिक, घटना प्रधान, वातावरण प्रधान, व्यक्ति प्रधान, व्यंग्यात्मक किसी भी प्रकार के हो सकते हैं। आकार की दृष्टि से ये अत्यंत लघु अथवा विवरण प्रधान हो सकते हैं।

रेखाचित्र यथार्थ जीवन से जुड़े होते हैं, उसमें कल्पना का आश्रय कम लिया जाता है। रचनाकार का निजी व्यक्तित्व प्रत्यक्ष अथवा अप्रत्यक्ष रूप में रेखाचित्र में निहित रहता है। इसमें पात्र के आन्तरिक-बाह्य गुणों, विशिष्टताओं, मनोवृत्तियों का कल्पनात्मक, भावपूर्ण एवं मर्मस्पर्शी चित्रण किया जाता है। विषय की एकात्मक अन्विति, संक्षिप्तता, तटस्थ दृष्टि रेखाचित्र के आधारभूत तत्त्व हैं। पात्रानुकूल भाषा रेखाचित्र को सजीवता प्रदान करती है साथ ही पात्र का प्रभावशाली चित्र अंकित करने में भी सहायक सिद्ध होती है। रेखाचित्रकार में अनुभूति की गहनता, सत्यता एवं अभिव्यक्ति की कुशलता वांछनीय है। इस दृष्टि से महादेवी वर्मा, रामवृक्ष बेनीपुरी, बनारसीदास चतुर्वेदी का नाम विशेष उल्लेखनीय है। सोद्देश्यपूर्ण रेखाचित्रों की रचना करते हुए इन्होंने कथ्य को प्रभावशाली ढंग से प्रस्तुत किया है। महादेवी वर्मा के रेखाचित्र जहाँ दलित, असहाय वर्ग की पीड़ा एवं प्रतिक्रिया को अभिव्यक्ति प्रदान कर चित्त द्रवित करने में सक्षम हैं, वहीं रामवृक्ष बेनीपुरी जी के रेखाचित्र प्रतीकात्मक हैं व समाज की विभिन्न समस्याओं पर केन्द्रित होते हुए उनका समाधान भी प्रस्तुत करते हैं।

हिन्दी गद्य साहित्य में रेखाचित्र पाश्चात्य साहित्य की देन है। पाश्चात्य देशों में यह विधा 18वीं-19वीं शताब्दी में प्रचलित हो गई थी पर भारत में यह 20वीं शताब्दी में लोकप्रिय हुई। पाश्चात्य रेखाचित्रकारों में चार्ल्स डिकन्स, गार्ल्सवर्दी, गोर्की, चेखव आदि से प्रभावित होकर हिन्दी साहित्य में इस विधा का प्रादुर्भाव छायावाद काल में हुआ। पण्डित श्रीराम शर्मा ने वन्य जगत से जुड़े देहाती जीवन के चित्र प्रस्तुत करने वाले रेखाचित्र आरम्भ में लिखे। पं. बनारसीदास चतुर्वेदी एवं अमृतराय द्वारा संपादित 'हंस' पत्रिका के 'रेखाचित्र विशेषांक' ने इस विधा को आकार प्रदान किया वहीं महादेवी वर्मा के 'अतीत के चलचित्र', 'स्मृति की रेखाएँ', रामवृक्ष बेनीपुरी की 'माटी की मूरतें' जैसे श्रेष्ठ रेखाचित्र संग्रहों ने इस विधा को सुनिश्चित दिशा प्रदान की। पदुमलाल पुन्नालाल बख्शी, माणिकलाल मुंशी, बाबू गुलाबराय द्वारा लिखे रेखाचित्र भी प्रभावी बन पड़े हैं। इनके रेखाचित्रों में संवेदनशीलता, कल्पनाशक्ति एवं कलात्मक अभिव्यक्ति का अनूठा संगम मिलता है।

आधुनिक रेखाचित्रकारों में कन्हैयालाल मिश्र प्रभाकर ('जिन्दगी मुस्काई', 'महके आँगन, चहके द्वार', 'दीप जले शंख जले'), विनय मोहन शर्मा (रेखा और रंग), प्रकाशचंद्र गुप्त ('रेखाचित्र', 'पुरानी स्मृतियाँ'), सेठ गोविन्ददास ('चेहरे जाने पहचाने'), डॉ॰ नगेन्द्र ('चेतना के बिम्ब') प्रमुख हैं। जगदीश चन्द्र माथुर, हजारी प्रसाद द्विवेदी, जैनेन्द्र कुमार, रघुवीर सहाय, कृष्णा सोबती के नाम भी विशेष रूप से उल्लेखनीय हैं जिन्होंने इस विधा को समृद्ध कर नवीन लेखकों को एक नयी दिशा प्रदान की। आज रेखाचित्र साहित्य का पर्याप्त विकास हुआ है।

संस्मरण

किसी प्रसिद्ध व्यक्ति, विद्वान, मनीषी, चिन्तक, क्रान्तिकारी, सेनानी अथवा कभी-कभी कोई सामान्य जन जिसने स्मृतियों में विशिष्ट स्थान पा लिया हो, आत्मकथन के द्वारा किसी भी शैली में उसका प्रभावशाली वर्णन संस्मरण कहलाता है। संस्मरण शब्द का अर्थ है—भली प्रकार से स्मृति। अतीत की स्मृतियों, अविस्मरणीय क्षणों, विशिष्ट घटनाओं को संस्मरण लेखक रोचक एवं कौतूहलमयी अभिव्यक्ति प्रदान करता है। लेखक की निजी अनुभूतियाँ भी प्रत्यक्ष-अप्रत्यक्ष रूप में पाठकों के समक्ष आती रहती हैं।

संस्मरण हिन्दी साहित्य की नवीन गद्य विधा है जो अन्य गद्य विधाओं की भाँति अधिक विकसित नहीं है। यह आत्मनिष्ठ विधा है। साहित्य कोश में—''संस्मरण आत्मकथा के रूप में लिखे गये स्मृति लेख हैं जिसमें लेखक के जीवन का पूरा

विवरण नहीं होता बल्कि किसी घटना की भले ही लेखक का उससे नाममात्र का सम्बन्ध हो, स्मृति वर्णन का विवरण होता है।"

किसी अविस्मरणीय घटना या पात्र का रोचक, विश्वसनीय, सोद्देश्यपूर्ण वर्णन करते हुए लेखक प्रभावोत्पादक शैली में भावपूर्ण, मर्मस्पर्शी चित्रण कर संस्मरण को मूर्त्त रूप प्रदान करता है। इसकी लेखन-शैली प्रायः निबन्ध अथवा ललित गद्य शैली के निकट जान पड़ती है। इसमें कहानी-सी रोचकता, कौतूहल दृष्टिगत होता है। यह विधा रेखाचित्र के निकट होते हुए भी उससे काफी भिन्न है। संस्मरण में रेखाचित्र की अपेक्षा अधिक आत्मनिष्ठा एवं शैली की स्वतन्त्रता होती है।

संस्मरण विधा द्विवेदी युग में 'सरस्वती' पत्रिका के माध्यम से प्रकाश में आयी। अनेक लेखकों के संस्मरणात्मक लेख समय-समय पर विविध पत्र-पत्रिकाओं में प्रकाशित हुए। महावीरप्रसाद द्विवेदी का 'अनुमोदन का अन्त', 'सभा की सभ्यता', विज्ञानाचार्य बसु का 'विज्ञान मन्दिर', कुछ प्रारम्भिक संस्मरण हैं। इस युग के अन्य संस्मरण लेखकों में प्यारेलाल मिश्र, काशीप्रसाद जायसवाल, रामकुमार खेमका, भोलादत्त पाण्डेय आदि प्रमुख हैं। 'हरिऔध जी के संस्मरण' इस युग की उल्लेखनीय कृति है।

छायावाद युग में भी पत्र-पत्रिकाओं के माध्यम से संस्मरण साहित्य की अभूतपूर्व प्रगति हुई। जीवन के विविध पक्षों, यात्रा वृत्तान्तों, दर्शनीय स्थलों, प्राकृतिक सौन्दर्य प्रधान अनेक वर्णनात्मक-भावात्मक संस्मरण रोचक शैली में इस युग में लिखे गये। बनारसीदास चतुर्वेदी के 'संस्मरण', श्रीराम शर्मा का 'बोलती प्रतिमा', रामनाथ सुमन कृत 'हमारे नेता', 'पथ चिह्न' छायावाद युग के प्रसिद्ध संस्मरण संग्रह हैं। इस युग में बाबू विष्णुराव पराड़कर, शिव नारायण टण्डन, पद्मसिंह शर्मा ने भी कथ्य एवं शिल्प की दृष्टि से अद्वितीय संस्मरण लिखे।

छायावादोत्तर काल में सरस्वती, विशाल भारत, सुधा, धर्मयुग, सरिता जैसी सुप्रसिद्ध पत्रिकाओं ने इस विधा की संवृद्धि में महत्त्वपूर्ण योगदान दिया। जीवन प्रसंगों का यथार्थ चित्रण करते कलात्मक संस्मरण पाठक वर्ग में विशेष लोकप्रिय हुए। अन्य भाषाओं से अनूदित श्रेष्ठ संस्मरणात्मक रचनाओं ने इस विधा को समृद्ध करने में महत्त्वपूर्ण योगदान दिया। अमृता प्रीतम, नयनतारा सहगल, संपूर्णानन्द, हरिभाऊ उपाध्याय, रायकृष्ण दास, हजारी प्रसाद द्विवेदी, अज्ञेय, डॉ० रामकुमार वर्मा, विष्णु प्रभाकर द्वारा इस युग में श्रेष्ठ संस्मरणात्मक साहित्य रचा गया। मनोहर श्याम जोशी की गणना भी श्रेष्ठ संस्मरण लेखकों में की जाती है। 'रघुवीर सहाय संस्मरण', 'लखनऊ-मेरा लखनऊ' उनके सुप्रसिद्ध संस्मरण संग्रह हैं। सहजता, आत्मीयता, भाषा में सादगी एवं मर्मस्पर्शी वर्णन से उनके संस्मरण

प्रभावोत्पादक बन पड़े हैं। कथ्य और शिल्प की दृष्टि से इन संस्मरणों में पर्याप्त वैविध्य दृष्टिगत होता है।

आलोचना

आधुनिक युग में पश्चिम के सम्पर्क से हिन्दी में गद्य के विकास के साथ ही 'आलोचना' का विकास हुआ। आलोचना के लिए हिन्दी में बहुत से शब्दों का प्रयोग किया जाता है यथा–विवेचना, समीक्षा, समालोचना आदि। 'आलोचना' से अभिप्राय है–किसी कृति या रचना के गुण-दोषों का सम्यक् दृष्टि से मूल्यांकन करना एवं उसका विश्लेषण करते हुए पाठकों तक तटस्थ एवं निष्पक्ष भाव से सौंदर्य तत्त्वों को उद्‌घाटित करना। डॉ. गुलाबराय के अनुसार–"आलोचना का मूल उद्देश्य कवि रचनाकार की कृति का सभी दृष्टिकोणों से आस्वाद कर पाठकों को उस प्रकार के आस्वाद से सहायता देना तथा उनकी रुचि को परिमार्जित करना एवं साहित्य की गति निर्धारित करने में योग देना है।" आलोचना साहित्य का ही एक अंग है जिसके अन्तर्गत आलोचनाकार अथवा समीक्षक आलोच्य कृति की विचारपूर्ण, तार्किक व्याख्या करता है, सन्तुलित दृष्टि रखते हुए सभी पहलुओं से उस कृति के गुण-दोषों की निष्पक्ष व्याख्या करता है एवं अन्त में मूल्यांकन कर उसके सम्बन्ध में निर्णय प्रदान करता है। आलोचना साहित्य सृजनात्मक साहित्य के समान ही महत्त्वपूर्ण है। आलोचनाकार लेखक और पाठक के बीच सेतु रूप में काम करता है और दोनों का दिशा-निर्देशन में सहायक बनता है। आलोचना अनेक प्रकार की हो सकती है–निर्णयात्मक, आलोचनात्मक, अनुभवात्मक, ऐतिहासिक, मनोवैज्ञानिक, अभिव्यंजनावादी, नैसर्गिक, शास्त्रीय, मार्क्सवादी, तात्विक, भौतिकवादी, व्याख्यात्मक, तुलनात्मक आदि।

भारतेन्दु युग में विविध पत्र-पत्रिकाओं के माध्यम से हिन्दी आलोचना का आरम्भ हुआ। पुस्तकीय समीक्षा इस युग में प्रमुख थी। आलोचना विधा का सूत्रपात अवश्य इस समय हो गया था परन्तु आलोचना सम्यक् परिपक्व दृष्टि विश्लेषण-पद्धति का प्रायः अभाव ही दृष्टिगत होता है। बदरीनारायण चौधरी 'प्रेमघन', श्रीनिवास दास, गदाधर सिंह, बालकृष्ण भट्ट एवं बालमुकुन्द गुप्त ने इस परम्परा की संवृद्धि में उल्लेखनीय योगदान दिया।

द्विवेदी युग में हिन्दी आलोचना का विधिवत विकास नहीं हुआ। शास्त्रीय आलोचना, अनुसन्धानपरक आलोचना, परिचयात्मक तथा व्याख्यात्मक आलोचना का विकास इस युग की प्रमुख उपलब्धि है। परम्परागत शास्त्रीय दृष्टि और नैतिक सांस्कृतिक मूल्यों की दृष्टि से प्रेरित होकर अधिकांश समीक्षकों ने आलोचना

की और इसे एक स्वतन्त्र विधा के रूप में स्थापित करने में महत्त्वपूर्ण योगदान दिया। पंडित महावीरप्रसाद द्विवेदी, डॉ॰ श्यामसुन्दर दास, लाला भगवानदीन, मिश्रबन्धु, पं॰ पद्मसिंह शर्मा द्वारा आलोचना का स्तर निश्चित रूप से ऊँचा हुआ। तुलनात्मक आलोचना ने आलोच्य में सर्वाधिक प्रतिष्ठा प्राप्त की। पुस्तकीय समीक्षा के साथ-साथ गम्भीर साहित्यिक आलोचनाओं की ओर भी समीक्षक प्रवृत्त हुए। नैतिकता के विशेष आग्रह के कारण द्विवेदी युगीन आलोचना रीतिवादी और नैतिकतावादी थी। आलोचनापरक सूक्ष्म दृष्टि का इस काल में अभाव था।

रामचन्द्र शुक्ल आधुनिक आलोचकों में अग्रणी माने जाते हैं। 'हिन्दी साहित्य का इतिहास', सूर, तुलसी, जायसी आदि कवियों पर लिखा आलोचनात्मक साहित्य एवं चिंतामणि में संकलित साहित्यिक निबन्धों के माध्यम से उन्होंने हिन्दी आलोचना को एक सशक्त गद्य विधा के रूप में स्थापित किया। अल्प समय में ही यह विधा समृद्धि के नए शिखर छूने लगी जिसका सम्पूर्ण श्रेय आचार्य रामचन्द्र शुक्ल को जाता है। वे मूलतः रसवादी आलोचक थे। हिन्दी आलोचकों को उन्होंने बौद्धिक विश्लेषण, समर्थ भाषा, अनेक आलोचना शैलियाँ प्रदान कर आलोचना के क्षेत्र में युगान्तरकारी परिवर्तन किया एवं हिन्दी आलोचना को स्तरीय रूप प्रदान किया। शुक्ल जी के भारतीय चिन्तन के साथ पाश्चात्य साहित्य के अनुकरणीय सिद्धान्तों को स्वीकार कर शुक्लजी की आलोचना सामान्य स्तर से ऊपर उठकर प्रौढ़ गम्भीर स्वरूप पाने में सक्षम हो सकी।

शुक्ल जी की आलोचनाओं में मौलिकता, पांडित्य, विचार, गांभीर्य, सूक्ष्म दृष्टि विशेष उल्लेखनीय हैं। डॉ. जगन्नाथ प्रसाद शर्मा, शांतिप्रिय द्विवेदी, बाबू श्यामसुन्दर दास, विश्वनाथ प्रसाद मिश्र, डॉ. रमाशंकर शुक्ल 'रसाल', गुलाबराय आदि उनके समकालीन आलोचकों ने उच्च कोटि के सैद्धान्तिक, व्यावहारिक आलोचनात्मक ग्रन्थ लिखे। बाबू श्यामसुन्दर दास कृत साहित्यालोचन, शुक्ल जी का 'साधारणीकरण और व्यक्तिवैचित्र्यवाद', 'तुलसी का भक्तिमार्ग', बाबू गुलाबराय का 'सिद्धान्त और अध्ययन' तथा 'काव्य के रूप' इस दृष्टि से उल्लेखनीय हैं।

शुक्लोत्तर युग में नन्ददुलारे वाजपेयी, हजारी प्रसाद द्विवेदी, डॉ. नगेन्द्र ने आचार्य शुक्ल की आलोचना पद्धति से प्रभाव ग्रहण करते हुए इस क्षेत्र में नवीन, मौलिक एवं स्वतन्त्र दृष्टि का परिचय दिया। नन्ददुलारे वाजपेयी ने छायावादी काव्य के विवेचन में नवीन दृष्टिकोण का परिचय दिया। उनकी प्रमुख रचनाएँ हैं—'कवि निराला', 'प्रकीर्णिका', 'आधुनिक साहित्य', 'नया साहित्य : नए प्रश्न'। हजारी प्रसाद द्विवेदी ने ऐतिहासिक पद्धति की प्रतिष्ठा करते हुए मानवतावादी विचारों

और समाजशास्त्रीय चिन्तन द्वारा आधुनिक दृष्टिकोण का परिचय दिया। 'हिन्दी साहित्य की भूमिका', 'कबीर', 'सूर साहित्य', 'हिन्दी साहित्य का आदिकाल', 'हिन्दी साहित्य' इनकी आलोचनात्मक कृतियाँ हैं। बाबू गुलाबराय, डॉ. विजयेन्द्र स्नातक, डॉ. नगेन्द्र ने भी उत्कृष्ट कोटि की आलोचनात्मक कृतियों द्वारा इस विधा को समृद्ध किया।

मार्क्सवादी विचारों से प्रभावित होकर इसी समय हिन्दी आलोचना क्षेत्र में मार्क्सवादी आलोचना भी प्रकाश में आई। सामाजिक संदर्भ और प्रगतिशीलता पर दृष्टि रखते हुए मार्क्सवादी आलोचकों ने इस दिशा में लेखन कार्य किया। डॉ. रामविलास शर्मा सर्वाधिक सशक्त आलोचक हैं। सभी मार्क्सवादी आलोचकों ने इन्हीं से प्रभावित होकर श्रेष्ठ आलोचनात्मक ग्रंथों की रचना की। 'आस्था और सौन्दर्य', 'निराला की साहित्य साधना', 'प्रगतिशील साहित्य की समस्याएँ', 'भारतेन्दु युग और हिन्दी भाषा की परम्परा' उनकी उल्लेखनीय रचनाएँ हैं। अन्य मार्क्सवादी आलोचकों में शिवदानसिंह चौहान, प्रकाशचन्द्र गुप्त, डॉ. नामवर सिंह प्रमुख हैं।

छायावादोत्तर युग में डॉ. देवराज, जैनेन्द्र ने दार्शनिक आलोचनात्मक साहित्य की रचना की। मनोविश्लेषणवादी आलोचकों में अज्ञेय, इलाचन्द्र जोशी, डॉ. देवराज उपाध्याय ने फ्रायड के मनोविज्ञान से प्रभावित होकर आलोचना की। मुक्तिबोध, गिरिजाकुमार माथुर, धर्मवीर भारती, मुंशीराम शर्मा, विजयेन्द्र स्नातक, विनय मोहन, डॉ. माता प्रसाद गुप्त, लक्ष्मीप्रसाद वार्ष्णेय ने भी साहित्य की नए ढंग की समीक्षाएँ की हैं। प्रतीक, आलोचना, माध्यम, समीक्षा, वार्षिकी जैसी पत्रिकाओं में पुस्तक समीक्षा के रूप में नई समीक्षा के दर्शन होते हैं। इस प्रकार हिन्दी आलोचना निरन्तर प्रगति की ओर अग्रसर है।

व्यंग्य

व्यंग्य आधुनिक हिन्दी गद्य साहित्य की महत्त्वपूर्ण विधा है। समाज की भ्रष्ट व्यवस्था, जीवन परिवेश में व्याप्त विसंगतियों, अन्तर्विरोधों, विद्रूपताओं पर प्रहार कर नये समाज की प्रतिष्ठा की ओर अग्रसर करने में व्यंग्य एक सशक्त विधा के रूप में उभरी है। व्यंग्यकार यथार्थजीवन की झाँकी प्रस्तुत कर जनता में चेतना लाने का महत् कार्य करता है। परम्परागत साहित्य में बहुधा उपहास, हास्य व्यंग्य, परिहास आदि में अधिक भिन्नता नहीं मानी गयी। परन्तु आधुनिक युग की आवश्यकताओं के सन्दर्भ में स्थिति ऐसी नहीं है। आज हास्य और व्यंग्य को समानार्थी नहीं माना जा सकता। हास्य जहाँ गुदगुदाता है, मानसिक तनाव

की मुक्ति का माध्यम बन जाता है, वहीं व्यंग्य हमारी दुर्बलताओं, कुरूपताओं पर करारा प्रहार कर हमें बहुत कुछ सोचने के लिए विवश कर जाता है।

व्यंग्य केवल एक विधा ही नहीं है एक स्पिरिट भी है। "अस्वस्थ रीति या परम्परा के निवारण हेतु आलोचना के स्थान पर व्यंग्य का प्रयोग बिना कटुता उत्पन्न किये उद्देश्य को सफल कर देता है।" हजारी प्रसाद द्विवेदी के अनुसार—"व्यंग्य वह है जहाँ कहने वाला अधरोष्ठ में हँस रहा हो और सुनने वाला तिलमिला उठा हो और फिर कहने वाले को जवाब देना अपने को और उपहासास्पद बना लेना हो जाता है। व्यंग्य की यह प्रकृति उसे सुधारक ही नहीं लाजवाब और आक्रामक भी सिद्ध करती है।" सीधी सहज भाषा में तेज और धारदार बात कह डालने की क्षमता कुशल व्यंग्यकार की सर्वोपरि विशिष्टता है।

व्यंग्य कटु प्रहारक है। उसकी शक्ति प्रखर है। व्यंग्य यदि सार्थक और महानतम् उद्देश्य की पूर्ति के लिए लिखे जाएँ तो सामाजिक-आर्थिक-राजनीतिक परिवेश की विसंगतियों, मिथ्याचारों, असामंजस्यों का निर्मम, अवैयक्तिक, तटस्थ विश्लेषण कर समाज में हलचल पैदा कर सकते हैं। व्यंग्य कई प्रकार के हो सकते हैं—सामाजिक, राजनीतिक, मनोवैज्ञानिक, ऐतिहासिक, तथ्य या घटना प्रधान, वातावरण प्रधान आदि।

हिन्दी में व्यंग्य लेखन की परम्परा अत्यन्त प्राचीन है। युग की आवश्यकताओं के अनुरूप प्रत्येक युग में व्यंग्य साहित्य की रचना होती रही। आदिकाल में नाथों-सिद्धों का साहित्य इसका प्रत्यक्ष प्रमाण है। उन्होंने जाँति-पाँति, ऊँच-नीच, सामाजिक कुरीतियों, धार्मिक पाखण्डों पर तीव्र प्रहार किये। सूरदास ने 'भ्रमरगीत' और कबीर ने अपने दोहे, साखियों, पदों में व्यंग्य की इसी शृंखला को आगे बढ़ाया। कबीर के दोहे सामाजिक कुरीतियों, विसंगतियों पर तीव्र प्रहार करने में सक्षम हैं। रीतिकालीन साहित्य में व्यंग्य लेखन की ओर रुझान दिखाई नहीं दिया। भारतेन्दु युग से व्यंग्य लेखन की जो परम्परा आरम्भ हुई वह आज तक अनवरत जारी है।

भारतेन्दु ने मुकरियों, प्रहसनों, नाटकों के माध्यम से अपने युग की समस्याओं पर व्यंग्य कर उनका यथार्थ चित्रण किया और सामाजिक, राजनीतिक, जनजागृति की दिशा में महत्त्वपूर्ण योगदान दिया। बालमुकुन्द गुप्त के 'शिवशम्भु के चिट्ठे' अंग्रेजी शासन पर व्यंग्य करते हुए उनकी नीतियों का पर्दाफाश करने की दृष्टि से ही लिखे गये। प्रतापनारायण मिश्र के निबन्धों में भी हास्य-व्यंग्य, कटाक्ष द्वारा चमत्कार उत्पन्न किया गया। प्रेमचन्द द्वारा रचित कहानियों, उपन्यासों में व्यंग्य परम्परा का विकास देखा जा सकता है। अंग्रेजी शासन, जमींदारों के शोषण चक्र

में पिसती भारतीय जनता की समस्याओं को उजागर करने में व्यंग्य ही उनकी सशक्त अभिव्यक्ति का माध्यम बन जाता है। निराला की 'अबे गुलाब' शोषित और शोषकों पर व्यंग्य करती श्रेष्ठ रचना है।

शुक्ल युग में भी श्रेष्ठ व्यंग्यात्मक साहित्य की रचना हुई। हरिशंकर शर्मा, बेढ़ब बनारसी, चन्द्रधर शर्मा गुलेरी, बेचन शर्मा उग्र, हजारी प्रसाद द्विवेदी, प्रभाकर माचवे के नाम विशेष उल्लेखनीय हैं। स्वातन्त्र्योत्तर काल में 'व्यंग्य' एक स्वतन्त्र विधा के रूप में अस्तित्व में आयी। विविध गद्य विधाओं में व्यंग्यात्मक चुटकियों की अपेक्षा अब व्यंग्य एक अलग विधा के रूप में जानी जाती है जो निस्सन्देह पाश्चात्य साहित्य की विधा 'सैटायर' से पूर्णतया प्रभावित है। व्यंग्य की इस प्रक्रिया में समस्याओं की तह में जाकर विश्लेषणात्मक दृष्टि रखते हुए कटु प्रहार करने वाले व्यंग्यों की रचना करना व्यंग्यकारों का प्रमुख उद्देश्य रहा।

हिन्दी साहित्य में 'व्यंग्य' को स्वतन्त्र गद्य विधा के रूप में प्रतिष्ठित करने का श्रेय हरिशंकर परसाई को जाता है। सामाजिक और वैयक्तिक पाखण्डों, मूल्यहीनता के विरुद्ध संघर्ष करते हुए उन्होंने जटिल प्रश्नों के साथ-साथ आम जीवन की समस्याओं पर भी तीखे व्यंग्य किये हैं। सामाजिक विसंगतियों, विडम्बनाओं पर पैने व्यंग्य करते हुए वे समाज में परिवर्तन लाने एवं नयी दिशा देने की ओर अग्रसर हैं। उनका उद्देश्य केवल उपहास सृष्टि करना नहीं है, वरन् पाठकों को विसंगत स्थितियों के प्रति सचेत कर वस्तुस्थिति से अवगत कराना, उन्हें जनक्रांति के लिए प्रेरित करना भी है जिसमें वे पूरी तरह सफल भी हुए हैं। आधुनिक युग के अन्य प्रमुख व्यंग्यकारों में श्रीलाल शुक्ल, शरद जोशी, मनोहर श्याम जोशी आदि प्रमुख हैं।

यात्रा साहित्य

किसी स्थान विशेष की यात्रा करने के उपरान्त यह स्वाभाविक है कि मनुष्य अपने अनुभवों को अपने सम्पर्क में आने वाले लोगों को सुनाए। यही अनुभव अथवा वृत्तान्त लिपिबद्ध किये जाने लगे तो यात्रावृत्तान्त अथवा यात्रा साहित्य का जन्म हुआ। हिन्दी साहित्य में यात्रावृत्तान्त लिखने की परम्परा का सूत्रपात भारतेन्दु ने ही किया। 'सरयूपार की यात्रा', 'लखनऊ की यात्रा' आदि रचनाओं में भारतेन्दु ने सजीव और रोचक यात्रावर्णन प्रस्तुत किये यद्यपि तब तक यात्रावृत्तान्त को स्वतन्त्र विधा न मानकर निबन्ध अथवा संस्मरण का ही एक रूप माना जाता था। भारतेन्दु के पश्चात जो यात्रावृत्तान्त पुस्तकाकार रूप में सामने आए इनमें पं. दामोदर शास्त्री कृत 'मेरी पूर्व दिग्यात्रा', स्वामी सत्यदेव परिव्राजक कृत 'मेरी

कैलाशयात्रा', पं. कन्हैयालाल मिश्र कृत 'हमारी जापान यात्रा' आदि उल्लेखनीय हैं।

हिन्दी प्रदेश में शिक्षा के विकास और अखिल भारतीय स्तर पर यातायात के साधनों की वृद्धि से यात्रा के प्रति लोगों में रुझान बढ़ा और हिन्दी में सैलानी प्रवृत्ति के साहित्यकार सामने आए। महापण्डित राहुल सांकृत्यायन ने 1948 में 'किन्नर देश में' के अलावा 'मेरी तिब्बत यात्रा' लिखी। रामवृक्ष बेनीपुरी की 'पैरों में पंख बाँधकर', अज्ञेय की 'अरे यायावर रहेगा याद', रामधारी सिंह दिनकर की 'देश-विदेश' विभिन्न संस्कृतियों और समाज के सजीव चित्र प्रस्तुत करती हैं।

स्वातन्त्र्योत्तर युग में हिन्दी का यात्रा साहित्य और समृद्ध हुआ। विदेशों से सम्पर्क बढ़ने के कारण हिन्दी साहित्यकारों को रूस, चीन, जापान, अफ्रीका तथा यूरोपीय देशों में भ्रमण की सुविधा मिली फलतः अनेक यात्रावृत्त प्रकाश में आए। 1964 ई॰ में प्रकाशित निर्मल वर्मा का 'चीड़ों पर चाँदनी' वस्तुओं और स्थितियों के अतिरिक्त यूरोपीय देशों की कलात्मक उपलब्धियों को भी पाठक के समक्ष उपस्थित कर देता है। 1968 में लिखित अमृता प्रीतम का 'इक्कीस पत्तियों का गुलाब' और 1975 में रचित श्रीकान्त वर्मा का 'अपोलो का रथ' गद्य में लिखी हुई कविता का आनन्द देने वाले यात्रावृत्तान्त हैं। विष्णु प्रभाकर के 'ज्योतिपुंज हिमालय', कमलेश्वर का 'खण्डित यात्राएँ' और 1990 में डॉ. रामदरश मिश्र द्वारा रचित 'तना हुआ इन्द्रधनुष' आदि यात्रावृत्तों में कथारस का आनन्द मिलता है। दिनकर के 'मेरी यात्राएँ' और डॉ. नगेन्द्र के 'अप्रवासी की यात्राएँ' में दृश्यों-परिदृश्यों के साथ-साथ लेखकों का देशप्रेम भी अभिव्यक्त हुआ है। नर्मदा नदी को अपने सर्जनात्मक प्रयत्न और जीवन का केन्द्र बनाकर अमृतलाल वेगड़ ने 'सौन्दर्य की नदी नर्मदा' और 'अमृतस्य नर्मदा' नामक दो सुन्दर यात्रावृत्तान्तों द्वारा यात्रा साहित्य को समृद्ध किया है।

यात्रावृत्तान्तों की इस यात्रा का अवलोकन करें तो स्पष्ट हो जाता है कि भारतेन्दु काल के यात्रावृत्तान्तों में लेखक के स्वभाव और रुचि का प्राधान्य था किन्तु आज के यात्रावृत्तों में वस्तुओं, व्यक्तियों, स्थितियों के साथ-साथ लेखक के अन्तर्जगत का साक्षात्कार भी हो जाता है। निबन्ध, कथा, संस्मरण आदि अनेक गद्य-रूपों का आनन्द एक साथ प्रदान करने वाली इस विधा में अपार सम्भावनाएँ हैं।

आत्मकथा

आत्मकथा में लेखक अपने जीवन की विविध घटनाओं तथा विभिन्न पहलुओं का उद्घाटन करता है। इन घटनाओं और प्रसंगों का चित्रण करते हुए वह अपने समय के सामाजिक-आर्थिक और राजनीतिक परिवेश को भी अभिव्यक्त कर देता

है। आत्मकथा आधुनिक हिन्दी गद्य की एक लोकप्रिय विधा है, यद्यपि हिन्दी साहित्य के मध्यकाल में 1641 ई. में जैन साहित्य के अन्तर्गत बनारसी दास द्वारा लिखी गयी पद्यात्मक आत्मकथा 'अर्धकथा' मिलती है। आत्मचरित्र लिखने की परम्परा का विकास भारतेन्दु युग में ही हुआ। भारतेन्दु के सहयोगी लेखक राधाचरण गोस्वामी कृत 'मेरा संक्षिप्त जीवन चरित', श्री अम्बिकादत्त व्यास के 'निज वृत्तान्त' आदि में आत्मकथा का आरंभिक रूप दिखायी देता है।

बीसवीं शताब्दी में भारत के राजनीतिक क्षितिज पर उभरे महापुरुषों ने इस गद्य विधा के उत्थान में पर्याप्त योगदान दिया। 1927 ई. में प्रकाशित गाँधीजी की आत्मकथा 'सत्य के प्रयोग' और 1939 ई॰ में प्रकाशित जवाहरलाल नेहरू की 'मेरी कहानी' ने भारतवासियों को जागृत और प्रेरित करने में विशेष भूमिका निभाई। इस युग में जिन साहित्यकारों ने अपना जीवन लिपिबद्ध किया उनमें सर्वप्रथम है—बाबू श्यामसुन्दर दास की 'मेरी आत्मकहानी'। उनकी हिन्दी भाषा तथा साहित्य सेवा की जानकारी प्राप्त करने के लिए यह एक अच्छी कृति है। 1946 में प्रकाशित राहुल सांकृत्यायन की 'मेरी जीवन यात्रा' उनके घुमक्कड़ जीवन पर प्रकाश डालती है। वियोगी हरि कृत 'मेरा जीवन प्रवाह', सेठ गोविन्ददास की तीन भागों में प्रकाशित 'आत्म निरीक्षण', पाण्डेय बेचन शर्मा 'उग्र' की 'अपनी खबर' इस युग की स्मरणीय आत्मकथाएँ हैं।

पिछले पचास वर्षों में आत्मकथा लिखने की कला ने कई पड़ाव तय किये हैं। इनमें हरिवंश राय बच्चन की चार खण्डों में प्रकाशित आत्मकथा विशेष उल्लेखनीय है। इसका पहला खण्ड 1969 ई. में 'क्या भूलूँ क्या याद करूँ' शीर्षक से प्रकाशित हुआ और चौथा खण्ड 'दशद्वार से सोपान तक' 1985 ई. में। अपने पूर्वजों के इतिहास से आरम्भ करके अपने जीवन के उतार-चढ़ावों से परिचय कराते हुए अपनी अगली पीढ़ी के जीवन तक का रोचक इतिहास इसमें बच्चन जी ने प्रस्तुत किया है। डॉ॰ रामविलास शर्मा ने 1985 में प्रकाशित 'मेरा जीवन' में अपने परिवार के सौ वर्षों के इतिहास के माध्यम से तत्कालीन समाज की झलकियाँ प्रस्तुत की हैं। डॉ॰ नगेन्द्र की आत्मकथा 'अर्धकथा' के विषय में स्वयं उन्हीं के साक्ष्य पर कहा जा सकता है कि इसमें उनके जीवन का अर्धसत्य व्यक्त हुआ है, वे कहते हैं—"यह मेरे जीवन का केवल अर्धसत्य है—अर्थात् उपर्युक्त तीन खण्डों में मैंने केवल अपने बहिरंग जीवन का ही विवरण दिया है।"

'गर्दिश के दिन' शीर्षक से कमलेश्वर के सम्पादकत्व में हिन्दी तथा अन्य भारतीय भाषाओं के रचनाकारों का आत्मकथ्य एक साथ प्रकाशित हुआ। हंसराज रहबर ने 1985 से 1989 तक अपने जीवन में आए उतार-चढ़ावों को 'मेरे सात

जन्म' में लिपिबद्ध किया है। अमृता प्रीतम की बहुचर्चित आत्मकथा 'रसीदी टिकट' में काव्यात्मक शैली में उनकी प्रेमानुभूति की अभिव्यक्ति है। किसी विशिष्ट रचनाकार की रचनाओं, उसके सम्पर्क में आने वाले मित्रों के संस्मरणों तथा उसके द्वारा लिखे गये पत्रों को आधार बनाकर उस रचनाकार की आत्मकथा लिखने की शैली के प्रयोग भी हिन्दी साहित्य में हुए हैं। सूर्यप्रसाद दीक्षित का 'निराला की आत्मकथा' और विष्णुचन्द्र शर्मा का 'मुक्तिबोध की आत्मकथा' इसी तरह के प्रयोग हैं। नवें दशक के आत्मकथा साहित्य में कुछ दलित लेखकों की आत्मकथाएँ उल्लेखनीय हैं। मोहनदास नैमिषारण्य की 'अपने अपने पिंजरे', ओमप्रकाश वाल्मीकि की 'जूठन', सूरजपाल चौहान की 'तिरस्कृत', कौसल्या बैसंत्री की 'दोहरा अभिशाप' आदि इनमें मुख्य हैं।

अपने जीवन के श्वेत-श्याम पक्षों, भावनाओं और दुर्बलताओं को ईमानदारी से आत्मकथा में प्रस्तुत करने वाले उपरोक्त साहित्यकारों का प्रयास प्रशंसनीय है।

जीवनी

जीवनी लेखक किसी दूसरे के जीवन को केन्द्रबिन्दु बनाकर उसके जीवन के सम्पूर्ण चित्रों को प्रस्तुत करता है। जीवनी सत्य घटनाओं पर आधारित होती है अतएव जीवनी लेखक का निष्पक्ष होना अत्यन्त आवश्यक है। आधुनिक काल से पूर्व अवतारी पुरुषों और महामानवों की आदर्श गाथाएँ लिखी जाती रहीं लेकिन आधुनिक वैज्ञानिक और बौद्धिक जीवन दृष्टि के विकास के साथ जीवनी लिखने की परम्परा का विकास हुआ। आधुनिक युग के चिन्तकों और महात्माओं में स्वामी दयानन्द, रामकृष्ण परमहंस, स्वामी रामतीर्थ आदि के जीवन-चरित्र लिखे गये। जैनेन्द्र जी की 'अकालपुरुष गाँधी', घनश्यामदास बिड़ला की 'मेरे जीवन में गाँधीजी', हंसराज रहबर कृत 'योद्धा संन्यासी विवेकानन्द' और डॉ. शिवप्रसाद सिंह कृत 'उत्तरयोगी : श्री अरविंद' इस परम्परा की महत्त्वपूर्ण कड़ियाँ हैं।

हिन्दी में साहित्यकारों की अच्छी जीवनियाँ कम लिखी गयी हैं। बाबू राधाकृष्ण दास द्वारा रचित 'भारतेन्दु बाबू हरिश्चन्द्र का जीवन-चरित्र' भारतेन्दु युग की उल्लेखनीय जीवनी है। हिन्दी में प्रेमचन्द की जीवनी लिखने के दो प्रयास हुए हैं। 1944 ई. में उनकी पत्नी शिवरानी देवी ने 'प्रेमचन्द घर में' और 1962 में उनके पुत्र अमृतराय ने 'कलम का सिपाही' नाम से उनका जीवन-चरित लिखा। दोनों ही उत्कृष्ट कृतियाँ हैं। डॉ. रामविलास शर्मा की 'निराला की साहित्य साधना' निराला के साथ-साथ छायावादी युग को समझने में सहायक है। बांग्ला के महान उपन्यासकार शरतचन्द्र के जीवन पर आधारित विष्णु प्रभाकर की 'आवारा

मसीहा' शरतबाबू के जीवन को मानवीय संवेदना के धरातल पर प्रस्तुत करती है। श्री शिवसागर मिश्र ने 'दिनकर एक सहज पुरुष' में दिनकर जी के मानवीय पक्ष को उभारने की कोशिश की है। हिन्दी के जीवनी साहित्य को विश्वस्तर की जीवनियों तक पहुँचाने के लिए अभी बहुत प्रयास अपेक्षित हैं।

रिपोर्ताज़

रिपोर्ताज़ फ्रांसीसी भाषा का शब्द है। हिन्दी साहित्य कोश में इसे परिभाषित करते हुए कहा गया है, 'रिपोर्ट' के कलात्मक और साहित्यिक रूप को रिपोर्ताज़ कहते हैं, साहित्य का यह रूप पत्रकारिता की देन है। द्वितीय महायुद्ध के समय यूरोपीय साहित्य में इस गद्य विधा का विशेष विकास हुआ। महत्त्वपूर्ण सामयिक समाचार की इस प्रस्तुति में सामान्य समाचार की तरह तथ्यों का लेखा-जोखा भर नहीं होता अपितु मानवजाति के हृदय को छू लेने वाले जीवनमूल्य भी सम्बद्ध रहते हैं। रिपोर्ताज़ लेखक के लिए प्रत्यक्षदर्शी होने के साथ-साथ उसकी शैली में सजीवता, रोमांचकता और विश्वसनीयता होना आवश्यक है।

हिन्दी के आरंभिक रिपोर्ताज़ लेखकों में शिवदानसिंह चौहान और रांगेय राघव के नाम उल्लेखनीय हैं। दूसरे महायुद्ध के समय ही बंगाल में भीषण अकाल पड़ा। रांगेय राघव ने भीषण अकाल की काली छाया को 'तूफानों के बीच' शीर्षक रिपोर्ताज़ में मार्मिक शैली में प्रस्तुत किया। प्रकाशचन्द्र गुप्त ने भी बंगाल के अकाल और 'अल्मोड़ा के बाज़ार' पर सशक्त रिपोर्ताज़ लिखे। भगवत शरण उपाध्याय के सामाजिक चेतना से सम्बन्धित रिपोर्ताज़ भी इसी समय 'हंस' में प्रकाशित हुए।

बीसवीं शती के उत्तरार्ध में कुछ महत्त्वपूर्ण रिपोर्ताज़ प्रकाश में आए। 1965 में भारत-पाक युद्ध को आधार बनाकर शिवसागर मिश्र ने 'वे लड़ेंगे हज़ार साल में' और 1971 ई. में बंगलादेश के स्वतन्त्रता संग्राम में मुक्तिवाहिनी के साथ अपनी यात्रा को धर्मवीर भारती ने 'मुक्तियात्रा' में लिपिबद्ध किया। स्वतन्त्रता प्राप्ति के बाद भारत के गाँवों की जीती-जागती तस्वीर को 1977 में विवेकी राय ने 'जुलूस रुका है' में प्रस्तुत किया। फणीश्वरनाथ रेणु के 'ऋण जल धन जल' में बिहार के भयंकर सूखे और पटना की विनाशकारी बाढ़ के सजीव चित्र हैं।

नासिरा शर्मा, असगर वजाहत, द्रोणवीर कोहली, अवधेश कुमार आज की पीढ़ी के कुछ प्रसिद्ध रिपोर्ताज़ लेखक हैं जिन्होंने रिपोर्ताज़ लेखन को नयी ऊँचाई तक पहुँचाया है। उदाहरण के लिए नासिरा शर्मा का 'ईरान जैसा मैंने देखा' ईरान के समाज की सच्चाई का प्रामाणिक दस्तावेज़ है। इन्दिरा गाँधी आदि बड़े

नेताओं के देहान्त होने पर अथवा देश-विदेश में आतंकवादियों द्वारा किये गये विध्वंसक कार्यों पर रेडियो, टेलीविज़न, समाचारपत्रों में मार्मिक रिपोर्ताज़ प्रस्तुत किये गये हैं। अभिप्राय यह है कि युद्ध की विभीषिका, अकाल, बाढ़ अथवा पूरे मानव समाज को प्रभावित करने वाली घटनाओं की आँखों देखी सजीव प्रस्तुति कर आज के रिपोर्ताज़ लेखक इस विधा को समृद्ध कर रहे हैं।

रिपोर्ताज़ से मिलती-जुलती एक अन्य विधा 'फीचर' है, जो पत्रकारिता की कोख से उत्पन्न हुआ है। रिपोर्ताज़ मुख्यतः किसी रोमांचक, आतंककारी घटना पर आधारित होते हैं जबकि फीचर में किसी भी स्थिति, व्यक्ति या घटना को आधार बनाया जा सकता है। संचार माध्यमों के विकास से रिपोर्ताज़ और फीचर जैसी गद्य विधाओं की पहचान सशक्त हुई है। गुजरात में साम्प्रदायिक दंगे अथवा मुम्बई और दिल्ली में हुए बम धमाकों पर प्रस्तुत किये गये हृदय विदारक रिपोर्ताज़ इसके उदाहरण हैं।

इंटरव्यू-भेंटवार्ता-साक्षात्कार

किसी बड़े साहित्यकार, राजनीतिज्ञ, कलाकार अथवा महापुरुष से मिलकर किन्हीं विशेष प्रश्नों के सन्दर्भ में उनके विचार जानना और उन्हीं की भाषा-शैली में व्यक्त करना 'इंटरव्यू' अथवा भेंटवार्ता या साक्षात्कार कहलाता है। इस गद्य विधा का जन्म भी पत्रकारिता से हुआ है। महत्त्वपूर्ण व्यक्ति द्वारा दिए गये उत्तर प्रभावशाली होंगे, यह आकर्षण भेंटवार्ता अथवा इंटरव्यू में सदैव बना रहता है। कभी-कभी रचनाकार अपने कल्पनालोक में किसी साहित्यकार, नेता आदि से मिलकर उसके उत्तरों की कल्पना करके 'साक्षात्कार' की रचना करता है।

हिन्दी में इंटरव्यू विधा का आरम्भ सम्भवतः बनारसीदास चतुर्वेदी ने किया। बीसवीं शती के चौथे दशक में उनके द्वारा रचित 'रत्नाकर जी से बातचीत' और 'प्रेमचन्द जी के साथ दो दिन' महत्त्वपूर्ण साक्षात्कार हैं। स्वातन्त्र्योत्तर रचनाकारों में पद्मसिंह शर्मा कमलेश ने 'मैं इनसे मिला' नामक संग्रह में हिन्दी के प्रमुख साहित्यकारों के अच्छे इंटरव्यू प्रस्तुत किये। धर्मयुग, साप्ताहिक हिन्दुस्तान, सारिका, हंस, आदि पत्रिकाओं और समाचार पत्रों में साहित्य और जीवन के अनेक पहलुओं पर प्रकाश डालने वाले इंटरव्यू प्रकाशित होते रहे हैं।

पिछले पाँच दशकों में प्रकाशित 'इंटरव्यू' साहित्य की कुछ महत्त्वपूर्ण उपलब्धियाँ इस प्रकार हैं; 'शॉर्टकट की संस्कृति' में केशवचन्द्र वर्मा ने इलाचन्द्र जोशी, अमृतलाल नागर, श्रीलाल शुक्ल, विजयदेवनारायण साही, अरविन्द गोखले (मराठी कथाकार), नरेश मेहता, यशपाल, पन्त, हरिवंश राय बच्चन से आधुनिक

जीवन के अनेक सन्दर्भों पर सार्थक बातचीत की है। 'अपरोक्ष' में सात लेखकों ने अज्ञेय के साथ संवाद कर साहित्य, समाज, कला और संस्कृति के सम्बन्ध में उनके विचार प्रस्तुत किये हैं। 'साक्षात्कार : डॉ॰ रामविलास शर्मा से बातचीत' में विश्वनाथ तिवारी, रमेश उपाध्याय, अजय तिवारी आदि लेखकों के साथ भेंटवार्ता में रामविलास जी के लेखन के सरोकार स्पष्ट हुए हैं।

नौवें दशक में प्रकाशित 'शेष : विशेष' में दिनकर जी की दस भेंटवार्ताएँ संगृहीत हैं; प्रश्नकर्ता हैं—गोपालकृष्ण कौल, डॉ. बेचन, रांगेय राघव, कन्हैयालाल नन्दन, भवानीप्रसाद मिश्र आदि। लगभग इसी समय प्रकाशित 'लेखक की ज़मीन' में गोविन्द मिश्र के अलग-अलग लोगों को दिए गये साक्षात्कार हैं तथा 'अमृत मन्थन' अमृतलाल नागर के सभी साक्षात्कारों का संग्रह है। इन भेंटवार्ताओं में साहित्यकारों के अंतरंग जीवन, उनकी रचनादृष्टि, उनकी रचनाओं की मूल प्रेरणा, उनपर पड़ने वाले प्रभावों की प्रत्यक्ष सूचना मिलती है। इनका समग्र अध्ययन साहित्य के स्वरूप को समझने में सहायक सिद्ध होता है।

उपरोक्त मुख्य विधाओं के अतिरिक्त हिन्दी गद्य में डायरी, गद्यगीत और पत्र साहित्य में भी कुछ उल्लेखनीय रचनाएँ प्रकाशित हुई हैं। डायरी के अन्तर्गत लेखक स्पष्ट एवं निष्कपट भाव से अपने जीवन की हर घटना एवं प्रसंग को लिखता है। हिन्दी में हरिवंश राय बच्चन की 'प्रवासी की डायरी' इस विधा की श्रेष्ठ रचना है। अपने जीवन के रहस्यों को खोलने का कार्य जोखिम से भरा होता है अतः इस क्षेत्र में बहुत अधिक रचनाएँ नहीं मिलतीं। जब लेखक छन्द की नियमबद्धता को अस्वीकार करके कवि मग्नता को नहीं छोड़ पाता तो गद्यगीतों का सृजन होता है। हिन्दी में रायकृष्ण दास, वियोगी हरि, अज्ञेय आदि ने अच्छे गद्यगीत लिखे हैं। साहित्यकारों द्वारा परस्पर पत्रों के आदान-प्रदान से अनेक बार ऐसे तथ्य प्रकाश में आते हैं जिनसे साहित्य लाभान्वित होता है। पन्तजी और बच्चन का आपसी पत्र व्यवहार, प्रसाद और आचार्य हजारी प्रसाद द्विवेदी के पत्र, अनेक साहित्यकारों के नाम पं. पद्मसिंह शर्मा के पत्र, पत्र साहित्य की उपलब्धियाँ हैं।

अभिप्राय यह है कि भारतेन्दु के आगमन से हिन्दी गद्य के विभिन्न रूपों ने आकार लेना आरंभ किया। द्विवेदी युग की सुधारवादिता ने उन्हें परिष्कृत किया; छायावादी और प्रगतिवादी युग ने उसे क्रमशः अलंकृत और वस्तुनिष्ठ बनाया। बीसवीं सदी के अन्त तक आते-आते आधुनिकता बोध के अनेक स्तरों पर हिन्दी भाषा समृद्ध हो गयी फलतः हिन्दी की गद्य विधाओं--उपन्यास, कहानी, नाटक, आलोचना, एकांकी, रेखाचित्र, संस्मरण, यात्रा साहित्य, रिपोर्ताज़ सभी का इस अवधि में अभूतपूर्व विकास हुआ।

अन्त में बस इतना ही कहना चाहेंगे कि यदि कविता का सम्बन्ध हृदय से है तो गद्य बुद्धि प्रेरित विधा है। इसमें भी कल्पना प्रधान और यथार्थ प्रधान दो शाखाएँ विकसित होती हैं। कल्पना प्रधान को अंग्रेजी में फिक्शन कहा जाता है। जिसमें कहानी, एकांकी आदि का समावेश होता है। कुछ विधाएँ सीधे जीवन से लगभग उसी रूप में प्रकट होती हैं। जैसे आत्मकथा, संस्मरण, जीवनी, रेखाचित्र, यात्रा-वृत्तान्त आदि। इन दोनों के बीच की एक तीसरी विधा निबन्ध, पत्र और डायरी होती है। ये समस्त विधाएँ जीवन की सर्वांगीण और बहुआयामी अभिव्यक्ति का प्रयास करती हैं। पाठकों के मानसिक क्षितिज के विस्तार और बौद्धिक समृद्धि में गद्य विधाओं का बड़ा हाथ है। अध्ययन मंडल ने हर सम्भव प्रयास किया है कि विद्यार्थियों को गद्य की सभी विधाओं से परिचित कराया जा सके। सभी रचनाकारों के प्रति हम धन्यवाद प्रकट करना चाहते हैं कि उन्होंने अनुमति प्रदान कर हमें अनुगृहीत किया है।

–हिन्दी अध्ययन मंडल

अनुक्रम

महादेवी वर्मा

महादेवी वर्मा का जन्म 26 मार्च 1907 को प्रातः 8 बजे, फ़र्रुखाबाद (उत्तर प्रदेश) में हुआ। उनके परिवार में लगभग 200 वर्षों या सात पीढ़ियों के बाद पहली बार पुत्री का जन्म हुआ था। अतः बाबा बाबू बाँके बिहारी जी हर्ष से झूम उठे और इन्हें घर की देवी—महादेवी मानते हुए, पुत्री का नाम महादेवी रखा। उनके पिता श्री गोविन्द प्रसाद वर्मा भागलपुर के एक कॉलेज में प्राध्यापक थे। उनकी माता का नाम हेमरानी देवी था। हेमरानी देवी बड़ी धर्मपरायण, कर्मनिष्ठ, भावुक एवं शाकाहारी महिला थीं। विवाह के समय अपने साथ सिंहासनासीन भगवान की मूर्ति भी लायी थीं, वे प्रतिदिन कई घंटे पूजा-पाठ तथा रामायण, गीता एवं विनय-पत्रिका का पारायण करती थीं और संगीत में भी उनकी अत्यधिक रुचि थी। इसके बिल्कुल विपरीत उनके पिता गोविन्द प्रसाद वर्मा सुन्दर, विद्वान, संगीत प्रेमी, नास्तिक, शिकार करने एवं घूमने के शौकीन, मांसाहारी तथा हँसमुख व्यक्ति थे। महादेवी वर्मा के मानस बन्धुओं में सुमित्रानन्दन पन्त एवं निराला का नाम लिया जा सकता है, जो उनसे जीवनपर्यन्त राखी बँधवाते रहे। निराला जी से उनकी अत्यधिक निकटता थी, उनकी पुष्ट कलाइयों में महादेवी जी लगभग चालीस वर्षों तक राखी बाँधती रहीं।

इनकी प्रारम्भिक शिक्षा इन्दौर में हुई। स्कूली पढ़ाई के साथ ही घर पर इन्हें संस्कृत, चित्रकला, संगीत आदि की शिक्षा दिलाने की भी व्यवस्था थी। नौ वर्ष की आयु में विवाह के कारण इनकी पढ़ाई में व्यवधान पड़ा किन्तु सन् 1919 से फिर से इनकी नियमित पढ़ाई इलाहाबाद के क्रॉस्थवेट कॉलेज में आरम्भ हो गयी। पढ़ने में अत्यन्त मेधावी महादेवी ने मिडिल परीक्षा में प्रान्त में प्रथम स्थान पाया और आगे भी अच्छे अंकों से उत्तीर्ण होते हुए सन् 1932 में इन्होंने प्रयाग विश्वविद्यालय से संस्कृत में स्नातकोत्तर उपाधि प्राप्त की। उसी वर्ष इन्होंने प्रयाग महिला विद्यापीठ का कार्यभार भी सँभाला। इसी

बीच इन्होंने गृहस्थ जीवन न बिताने का निर्णय कर लिया था। ये आजीवन अनेक साहित्यिक-सामाजिक कार्यों के साथ ही शिक्षा के क्षेत्र से भी जुड़ी रहीं और अन्ततः 1960 में इन्होंने प्रयाग महिला विद्यापीठ के कुलपति पद को विभूषित किया।

सन् 1916 में उनके बाबा श्री बाँके बिहारी ने इनका विवाह बरेली के पास नबावगंज कस्बे के निवासी श्री स्वरूप नारायण वर्मा से कर दिया, जो उस समय दसवीं कक्षा के विद्यार्थी थे। श्री वर्मा इण्टर करके लखनऊ मेडिकल कॉलेज में बोर्डिंग हाउस में रहने लगे। महादेवी जी उस समय क्रास्थवेट कॉलेज इलाहाबाद के छात्रावास में थीं। श्रीमती महादेवी वर्मा को विवाहित जीवन से विरक्ति थी। कारण कुछ भी रहा हो पर श्री स्वरूप नारायण वर्मा से कोई वैमनस्य नहीं था। सामान्य स्त्री-पुरुष के रूप में उनके सम्बन्ध मधुर ही रहे। दोनों में कभी-कभी पत्राचार भी होता था। यदा-कदा श्री वर्मा इलाहाबाद में उनसे मिलने भी आते थे। श्री वर्मा ने महादेवी जी के कहने पर भी दूसरा विवाह नहीं किया। महादेवी जी का जीवन तो एक संन्यासिनी का जीवन था ही। उन्होंने जीवन भर श्वेत वस्त्र पहना, तख्त पर सोयीं और कभी शीशा नहीं देखा। सन् 1966 में पति की मृत्यु के बाद वे स्थायी रूप से इलाहाबाद में रहने लगीं।

पद्य और गद्य लेखन महादेवी जी ने बचपन से ही आरम्भ कर दिया था और इनकी रचनाएँ यत्र-तत्र प्रकाशित भी होने लगी थीं। इनका प्रथम काव्य संग्रह 'नीहार' सन् 1930 में प्रकाशित हुआ और तीसरे काव्य संग्रह 'नीरजा' पर इन्हें सेकसरिया पुरस्कार मिला। 'दीपशिखा', 'संधिनी', 'परिक्रमा' आदि इनके अनेक काव्य संकलनों में से हैं। 'नीहार', 'रश्मि', नीरजा' तथा 'सान्ध्यगीत' की कविताओं का एक संकलन 'यामा' शीर्षक से प्रकाशित हुआ, जिस पर 'दीपशिखा' के साथ इन्हें 1982 का ज्ञानपीठ पुरस्कार दिया गया।

महादेवी जी के संस्मरणों का संग्रह 'अतीत के चलचित्र' 1941 में प्रकाशित हुआ। इसके बाद 'स्मृति की रेखाएँ', 'पथ के साथी', 'शृंखला की कड़ियाँ', 'साहित्यकार की आस्था तथा अन्य निबन्ध', 'संकल्पिता', 'चिन्तन के क्षण' आदि अनेक बहुविध गद्य संकलन छपे जिनसे हिन्दी का संस्मरण-रेखाचित्र, आलोचनात्मक, सामाजिक और विचारात्मक गद्य साहित्य समृद्ध हुआ। सेकसरिया और ज्ञानपीठ के अतिरिक्त महादेवी जी को मंगलाप्रसाद और भारत-भारती सहित अनेक अन्य पुरस्कार मिले। तीन विश्वविद्यालयों ने उन्हें डी.लिट्. की

मानद डिग्रियाँ प्रदान कीं। इन्हें उत्तर प्रदेश विधान परिषद् की सदस्या भी मनोनीत किया गया और 1956 में पद्मभूषण से विभूषित किया गया।

महादेवी संसार से कटकर साहित्य और शिक्षा की दुनिया में लीन रहने वाले बुद्धिजीवियों में से नहीं थीं। बीस-बाईस वर्ष की उम्र में वे गाँधी जी के सम्पर्क में आयीं और तभी से समाज-सुधार, वंचित वर्ग में शिक्षा के प्रसार आदि कार्यों से जुड़ गयीं। हिन्दी के सम्मान की रक्षा के लिए वे सदा मुखर रहीं और अन्य भाषा के साहित्यकारों के भी निकट सम्पर्क में रहीं। समय-समय पर उन्होंने अखिल भारतीय भाषाओं के लेखक-सम्मेलन और शिविर आयोजित किये। लेखकों को साहित्य साधना के लिए सुविधा उपलब्ध कराने के लिए उन्होंने इलाहाबाद में साहित्यकार संसद की स्थापना की और अन्य रूपों में भी साहित्यकारों के हित साधन के लिए सक्रिय रहीं। समय-समय पर उन्होंने 'चाँद', 'साहित्यकार' आदि पत्रिकाओं का सम्पादन भी किया। वे साहित्य अकादेमी की सदस्या और 1981 में इसकी सम्मानित सदस्या चुनी गयीं। प्रयाग में इन्होंने नाट्य संस्थान 'रंगवाणी' की भी स्थापना की।

सन् 1987 के 11 सितम्बर को हिन्दी की इस प्रखर लेखिका, प्रकांड विदुषी और प्रतिबद्ध साहित्यकर्मी का देहावसान हो गया।

भक्तिन

महादेवी वर्मा

छोटे कद और दुबले शरीरवाली भक्तिन अपने पतले ओठों के कोनों में दृढ़ संकल्प और छोटी आँखों में एक विचित्र समझदारी लेकर जिस दिन पहले-पहले मेरे पास आ उपस्थित हुई थी तब से आज तक एक युग का समय बीत चुका है। पर जब कोई जिज्ञासु उससे इस सम्बन्ध में प्रश्न कर बैठता है, तब वह पलकों को आधी पुतलियों तक गिराकर और चिन्तन की मुद्रा में ठुड्डी को कुछ ऊपर उठाकर विश्वास भरे कंठ से उत्तर देती है—'तुम पचै का का बताई—यहै पचास बरिस से संग रहित है।' इस हिसाब से मैं पचहत्तर की ठहरती हूँ और वह सौ वर्ष की आयु भी पार कर जाती है, इसका भक्तिन को पता नहीं। पता हो भी, तो सम्भवतः वह मेरे साथ बीते हुए समय में रत्ती भर भी कम न करना चाहेगी। मुझे तो विश्वास होता जा रहा है कि कुछ वर्ष और बीत जाने पर वह मेरे साथ रहने के समय को खींच कर सौ वर्ष तक पहुँचा देगी, चाहे उसके हिसाब से मुझे डेढ़ सौ वर्ष की असम्भव आयु का भार क्यों न ढोना पड़े।

सेवक-धर्म में हनुमानजी से स्पर्द्धा करने वाली भक्तिन किसी अंजना की पुत्री न होकर एक अनामधन्या गोपालिका की कन्या है—नाम है लछमिन अर्थात् लक्ष्मी। पर जैसे मेरे नाम की विशालता मेरे लिए दुर्वह है, वैसे ही लक्ष्मी की समृद्धि भक्तिन के कपाल की कुंचित रेखाओं में नहीं बँध सकी। वैसे तो जीवन में प्रायः सभी को अपने-अपने नाम का विरोधाभास लेकर जीना पड़ता है; पर भक्तिन बहुत समझदार है, क्योंकि वह अपना समृद्धि-सूचक नाम किसी को बताती नहीं। केवल जब नौकरी की खोज में आयी थी, तब ईमानदारी का परिचय देने के लिए उसने शेष इतिवृत्त के साथ यह भी बता दिया; पर इस प्रार्थना के साथ कि मैं कभी नाम का उपयोग न करूँ। उपनाम रखने की प्रतिभा होती, तो मैं सबसे पहले उसका प्रयोग अपने ऊपर करती,

इस तथ्य को वह देहातिन क्या जाने, इसी से जब मैंने कंठी-माला देखकर उसका नया नामकरण किया, तब वह भक्तिन-जैसे कवित्वहीन नाम को पाकर भी गद्‌गद हो उठी।

भक्तिन के जीवन का इतिवृत्त बिना जाने हुए उसके स्वभाव को पूर्णतः क्या अंशतः समझना भी कठिन होगा। वह ऐतिहासिक झूँसी में गाँव-प्रसिद्ध एक अहीर सूरमा की एकलौती बेटी ही नहीं, विमाता की किंवदंती बन जाने वाली ममता की छाया में भी पली है। पाँच वर्ष की वय में उसे हँडिया ग्राम के एक सम्पन्न गोपालक की सबसे छोटी पुत्रवधू बनाकर पिता ने शास्त्र से दो पग आगे रहने की ख्याति कमाई और नौ वर्षीया युवती का गौना देकर विमाता ने, बिना माँगे पराया धन लौटाने वाले महाजन का पुण्य लूटा।

पिता का उस पर अगाध प्रेम होने के कारण स्वभावतः ईर्ष्यालु और सम्पत्ति की रक्षा में सतर्क विमाता ने उनके मरणान्तक रोग का समाचार तब भेजा, जब वह मृत्यु की सूचना भी बन चुका था। रोने-पीटने के अपशकुन से बचने के लिए सास ने भी उसे कुछ न बताया। बहुत दिन से नैहर नहीं गयी, सो जाकर देख आवे, यही कहकर और पहना-उढ़ाकर सास ने उसे विदा कर दिया। इस अप्रत्याशित अनुग्रह ने उसके पैरों में जो पंख लगा दिए थे, वे गाँव की सीमा में पहुँचते ही झड़ गये। 'हाय लछमिन अब आई' की अस्पष्ट पुनरावृत्तियाँ और स्पष्ट सहानुभूतिपूर्ण दृष्टियाँ उसे घर तक ठेल ले गयीं। पर वहाँ न पिता का चिह्न शेष था, न विमाता के व्यवहार में शिष्टाचार का लेश था। दुःख से शिथिल और अपमान से जलती हुई वह उस घर में पानी भी बिना पिए उल्टे पैरों ससुराल लौट पड़ी। सास को खरी-खोटी सुनाकर उसने विमाता पर आया हुआ क्रोध शान्त किया और पति के ऊपर गहने फेंक-फेंककर उसने पिता के चिर विछोह की मर्मव्यथा व्यक्त की।

जीवन के दूसरे परिच्छेद में भी सुख की अपेक्षा दुःख ही अधिक है। जब उसने गेहुएँ रंग और बटिया जैसे मुख वाली पहली कन्या के दो संस्करण और कर डाले तब सास और जिठानियों ने ओठ बिचकाकर उपेक्षा प्रकट की। उचित भी था, क्योंकि सास तीन-तीन कमाऊ वीरों की विधात्री बनकर मचिया के ऊपर विराजमान पुरखिन के पद पर अभिषिक्त हो चुकी थी और दोनों जिठानियाँ काक-भुशंडी जैसे काले लालों की क्रमबद्ध सृष्टि करके इस पद के लिए उम्मीदवार थीं। छोटी बहू के लीक छोड़कर चलने के कारण उसे दंड मिलना आवश्यक हो गया।

जिठानियाँ बैठकर लोक-चर्चा करतीं और उनके कलूटे लड़के धूल उड़ाते;

वह मट्ठा फेरती, कूटती, पीसती, राँधती और उसकी नन्ही लड़कियाँ गोबर उठातीं, कंडे पाथतीं। जिठानियाँ अपने भात पर सफेद राब रखकर गाढ़ा दूध डालतीं और अपने लड़कों को औटते हुए दूध पर से मलाई उतारकर खिलातीं। वह काले गुड़ की डली के साथ कठौती में मट्ठा पाती और उसकी लड़कियाँ चने-बाजरे की घुघरी चबातीं।

इस दंड-विधान के भीतर कोई ऐसी धारा नहीं थी, जिसके अनुसार खोटे सिक्कों की टकसाल-जैसी पत्नी से पति को विरक्त किया जा सकता। सारी चुगली-चबाई की परिणति, उसके पत्नी-प्रेम को बढ़ाकर ही होती थी। जिठानियाँ बात-बात पर धमाधम पीटी-कूटी जातीं; पर उसके पति ने उसे कभी उँगली भी नहीं छुआई। वह बड़े बाप की बड़ी बात वाली बेटी को पहचानता था। इसके अतिरिक्त परिश्रमी, तेजस्विनी और पति के प्रति रोम-रोम से सच्ची पत्नी को वह चाहता भी बहुत रहा होगा, क्योंकि उसके प्रेम के बल पर ही पत्नी ने अलगौझा करके सबको अँगूठा दिखा दिया। काम वही करती थी, इसलिए गाय-भैंस, खेत-खलिहान, अमराई के पेड़ आदि के सम्बन्ध में उसी का ज्ञान बहुत बढ़ा-चढ़ा था। उसने छाँट-छाँट कर, ऊपर से असन्तोष की मुद्रा के साथ और भीतर से पुलकित होते हुए जो कुछ लिया, वह सबसे अच्छा भी रहा, साथ ही परिश्रमी दम्पति के निरन्तर प्रयास से उसका सोना बन जाना भी स्वाभाविक हो गया।

धूमधाम से बड़ी लड़की का विवाह करने के उपरान्त, पति ने घरौंदे से खेलती हुई दो कन्याओं और कच्ची गृहस्थी का भार उन्तीस वर्ष की पत्नी पर छोड़कर संसार से विदा ली। जब वह मरा, तब उसकी अवस्था छत्तीस वर्ष से कुछ ही अधिक रही होगी; पर पत्नी आज उसे बुढ़ऊ कह कर स्मरण करती है। भक्तिन सोचती है कि जब वह बूढ़ी हो गयी, तब क्या परमात्मा के यहाँ वे भी न बुढ़ा गये होंगे, अतः उन्हें बुढ़ऊ न कहना उनका घोर अपमान है।

हाँ, तो भक्तिन के हरे-भरे खेत, मोटी-ताजी गाय-भैंस और फलों से लदे पेड़ देखकर जेठ-जिठौतों के मुँह में पानी भर आना ही स्वाभाविक था। इन सबकी प्राप्ति तो तभी सम्भव थी, जब भइयहू दूसरा घर कर लेती; पर जन्म से खोटी भक्तिन इनके चकमे में आयी ही नहीं। उसने क्रोध से पाँव पटक-पटककर आँगन को कम्पायमान करते हुए कहा—'हम कुकुरी-बिलारी न होयँ, हमार मन पुसाई तौ हम दूसरा के जाब नाहिं त तुम्हार पचै की छाती पै होरहा भूंजब और राज करब, समुझे रहौ।'

उसने ससुर, अजिया ससुर और जाने कै पीढ़ियों के ससुरगणों की उपार्जित

जगह-जमीन में से सुई की नोक बराबर भी देने की उदारता नहीं दिखाई। इसके अतिरिक्त गुरु से कान फूँकवा, कंठी बाँध और पति के नाम पर घी से चिकने केशों को समर्पित कर अपने कभी न टलने की घोषणा कर दी। भविष्य में भी सम्पत्ति सुरक्षित रखने के लिए उसने छोटी लड़कियों के हाथ पीले कर उन्हें ससुराल पहुँचाया और पति के चुने हुए बड़े दामाद को घर-जमाई बनाकर रखा। इस प्रकार उसके जीवन का तीसरा परिच्छेद आरम्भ हुआ।

भक्तिन का दुर्भाग्य भी उससे कम हठी नहीं था, इसी से किशोरी से युवती होते ही बड़ी लड़की भी विधवा हो गयी। भइयहू से पार न पा सकनेवाले जेठों और काकी को परास्त करने के लिए कटिबद्ध जिठौतों ने आशा की एक किरण देख पायी। विधवा बहिन के गठबन्धन के लिए बड़ा जिठौत अपने तीतर लड़ाने वाले साले को बुला लाया, क्योंकि उसका हो जाने पर सब कुछ उन्हीं के अधिकार में रहता। भक्तिन की लड़की भी माँ से कम समझदार नहीं थी, इसी से उसने वर को नापसन्द कर दिया। बाहर के बहनोई का आना चचेरे भाइयों के लिए सुविधाजनक नहीं था, अतः यह प्रस्ताव जहाँ-का-तहाँ रह गया। तब वे दोनों माँ-बेटी खूब मन लगाकर अपनी सम्पत्ति की देख-भाल करने लगीं और 'मान न मान मैं तेरा मेहमान' की कहावत चरितार्थ करने वाले वर के समर्थक उसे किसी-न-किसी प्रकार पति की पदवी पर अभिषिक्त करने का उपाय सोचने लगे।

एक दिन माँ की अनुपस्थिति में वर महाशय ने बेटी की कोठरी में घुस कर भीतर से द्वार बन्द कर लिया और उसके समर्थक गाँववालों को बुलाने लगे। अहीर युवती ने जब इस डकैत वर की मरम्मत कर कुंडी खोली, तब पंच बेचारे समस्या में पड़ गये। तीतरबाज युवक कहता था, वह निमंत्रण पाकर भीतर गया और युवती उसके मुख पर अपनी पाँचों उँगलियों के उभार में इस निमंत्रण के अक्षर पढ़ने का अनुरोध करती थी। अन्त में दूध-का-दूध पानी-का-पानी करने के लिए पंचायत बैठी और सबने सिर हिला-हिलाकर इस समस्या का मूल कारण कलियुग को स्वीकार किया। अपीलहीन फैसला हुआ कि चाहे उन दोनों में एक सच्चा हो चाहे दोनों झूठे; पर जब वे एक कोठरी से निकले, तब उनका पति-पत्नी के रूप में रहना ही कलियुग के दोष का परिमार्जन कर सकता है। अपमानित बालिका ने ओठ काटकर लहू निकाल लिया और माँ ने आग्नेय नेत्रों से गले पड़े दामाद को देखा। सम्बन्ध कुछ सुखकर नहीं हुआ, क्योंकि दामाद अब निश्चिन्त होकर तीतर लड़ाता था और बेटी विवश क्रोध से जलती रहती थी। इतने यत्न से सँभाले हुए गाय-ढोर,

खेती-बारी जब पारिवारिक द्वेष में ऐसे झुलस गये कि लगान अदा करना भी भारी हो गया, सुख से रहने की कौन कहे। अन्त में एक बार लगान न पहुँचने पर जमींदार ने भक्तिन को बुलाकर दिन भर कड़ी धूप में खड़ा रखा। यह अपमान तो उसकी कर्मठता में सबसे बड़ा कलंक बन गया, अतः दूसरे ही दिन भक्तिन कमाई के विचार से शहर आ पहुँची।

घुटी हुई चाँद को मोटी मैली धोती से ढाँके और मानो सब प्रकार की आहट सुनने के लिए कान कपड़े से बाहर निकाले हुए भक्तिन जब मेरे यहाँ सेवक-धर्म में दीक्षित हुई, तब उसके जीवन के चौथे और सम्भवतः अन्तिम परिच्छेद का जो अथ हुआ, उसकी इति अभी दूर है।

भक्तिन की वेश-भूषा में गृहस्थ और वैरागी का सम्मिश्रण देखकर मैंने शंका से प्रश्न किया—'क्या तुम खाना बनाना जानती हो!' उत्तर में उसने, ऊपर के ओठ को सिकोड़ और नीचे के अधर को कुछ बढ़ा कर आश्वासन की मुद्रा के साथ कहा—'ई कउन बड़ी बात आय। रोटी बनाय जानित है, दाल राँध लेइत है, साग-भाजी छँउक सकित है, अउर बाकी का रहा!'

दूसरे दिन तड़के ही सिर पर कई लोटे औंधा कर उसने मेरी धुली धोती जल के छींटों से पवित्र कर पहनी और पूर्व के अन्धकार और मेरी दीवार से फूटते हुए सूर्य और पीपल का, दो लोटे जल से अभिनन्दन किया। दो मिनट नाक दबाकर जप करने के उपरान्त जब वह कोयले की मोटी रेखा से अपने साम्राज्य की सीमा निश्चित कर चौके में प्रतिष्ठित हुई, तब मैंने समझ लिया कि इस सेवक का साथ टेढ़ी खीर है। अपने भोजन के सम्बन्ध में नितान्त वीतराग होने पर भी मैं पाक-विद्या के लिए परिवार में प्रख्यात हूँ और कोई भी पाक कुशल दूसरे के काम में नुक्ताचीनी बिना किये रह नहीं सकता। पर जब छूत-पाक पर प्राण देनेवाले व्यक्तियों का, बात-बात पर भूखा मरना स्मरण हो आया और भक्तिन की शंकाकुल दृष्टि में छिपे हुए निषेध का अनुभव किया, तब कोयले की रेखा मेरे लिए लक्ष्मण के धनुष से खींची हुई रेखा के समान दुर्लंघ्य हो उठी। निरुपाय अपने कमरे में बिछौने पर पड़कर और नाक के ऊपर खुली हुई पुस्तक स्थापित कर मैं चौके में पीढ़े पर आसीन अनधिकारी को भूलने का प्रयास करने लगी।

भोजन के समय जब मैंने अपनी निश्चित सीमा के भीतर निर्दिष्ट स्थान ग्रहण कर लिया, तब भक्तिन ने प्रसन्नता से लबालब दृष्टि और आत्मतुष्टि से आप्लावित मुस्कराहट के साथ मेरी फूल की थाली में एक अंगुल मोटी और गहरी काली चित्तीदार चार रोटियाँ रखकर उसे टेढ़ी कर गाढ़ी दाल परोस दी।

पर जब उसके उत्साह पर तुषारपात करते हुए मैंने रुआँसे भाव से कहा—'यह क्या बनाया है' तब वह हतबुद्धि हो रही।

रोटियाँ अच्छी सेंकने के प्रयास में कुछ अधिक खरी हो गयी हैं; पर अच्छी हैं। तरकारियाँ थीं, पर जब दाल बनी है तब उनका क्या काम—शाम को दाल न बनाकर तरकारी बना दी जाएगी। दूध-घी मुझे अच्छा नहीं लगता, नहीं तो सब ठीक हो जाता। अब न हो तो अमचूर और लाल मिर्च की चटनी पीस ली जावे। उससे भी काम न चले, तो वह गाँव से लाई हुई गठरी में से थोड़ा-सा गुड़ दे देगी। और शहर के लोग क्या कलाबत्तू खाते हैं? फिर वह कुछ अनाड़िन या फूहड़ नहीं। उसके ससुर, पितिया ससुर, अजिया सास आदि ने उसकी पाक-कुशलता के लिए न जाने कितने मौखिक प्रमाण-पत्र दे डाले हैं।

भक्तिन के इस सारगर्भित लेक्चर का प्रभाव यह हुआ कि मैं मीठे-से विरक्ति के कारण बिना गुड़ के और घी से अरुचि के कारण रूखी दाल से एक मोटी रोटी खाकर बहुत ठाट से यूनिवर्सिटी पहुँची और न्याय-सूत्र पढ़ते-पढ़ते शहर और देहात के जीवन के इस अन्तर पर विचार करती रही।

अलग भोजन की व्यवस्था करनी पड़ी थी, अपने गिरते हुए स्वास्थ्य और परिवारवालों की चिन्ता-निवारण के लिए, पर प्रबन्ध ऐसा हो गया कि उपचार का प्रश्न ही खो गया। इस देहाती वृद्धा ने जीवन की सरलता के प्रति मुझे इतना जाग्रत कर दिया था कि मैं अपनी असुविधाएँ छिपाने लगी, सुविधाओं की चिन्ता करना तो दूर की बात।

इसके अतिरिक्त भक्तिन का स्वभाव ही ऐसा बन चुका है कि वह दूसरों को अपने मन के अनुसार बना लेना चाहती है; पर अपने सम्बन्ध में किसी प्रकार के परिवर्तन की कल्पना तक उसके लिए सम्भव नहीं। इसी से आज मैं अधिक देहाती हूँ; पर उसे शहर की हवा नहीं लग पायी। मकई का, रात को बना दलिया, सवेरे मट्ठे से सोंधा लगता है। बाजरे के, तिल लगाकर बनाए हुए पुए गर्म कम अच्छे लगते हैं। ज्वार के भुने हुए भुट्टे के हरे दानों की खिचड़ी स्वादिष्ट होती है। सफेद महुए की लपसी संसार भर के हलवे को लजा सकती है; आदि वह मुझे क्रियात्मक रूप से सिखाती रहती है; पर यहाँ का रसगुल्ला तक भक्तिन के पोपले मुँह में प्रवेश करने का सौभाग्य नहीं प्राप्त कर सका। मेरे रात-दिन नाराज होने पर भी उसने साफ धोती पहनना नहीं सीखा; पर मेरे स्वयं धोकर फैलाए हुए कपड़ों को भी वह तह करने के बहाने सिलवटों से भर देती है। मुझे उसने अपनी भाषा की अनेक दंतकथाएँ

कंठस्थ करा दी हैं; पर पुकारने पर वह 'ओय' के स्थान में 'जी' कहने का शिष्टाचार भी नहीं सीख सकती।

भक्तिन अच्छी है, यह कहना कठिन होगा, क्योंकि उसमें दुर्गुणों का अभाव नहीं। वह सत्यवादी हरिश्चन्द्र नहीं बन सकती; पर 'नरो वा कुंजरो वा' कहने में भी विश्वास नहीं करती। मेरे इधर-उधर पड़े पैसे-रुपये, भंडार-घर की किसी मटकी में कैसे अंतर्हित हो जाते हैं, यह रहस्य भी भक्तिन जानती है। पर, उस सम्बन्ध में किसी के संकेत करते ही वह उसे शास्त्रार्थ के लिए चुनौती दे डालती है, जिसको स्वीकार कर लेना किसी तर्क-शिरोमणि के लिए भी सम्भव नहीं। यह उसका अपना घर ठहरा—पैसा-रुपया जो इधर-उधर पड़ा देखा, सँभालकर रख लिया। यह क्या चोरी है! उसके जीवन का परम कर्तव्य मुझे प्रसन्न रखना है—जिस बात से मुझे क्रोध आ सकता है, उसे बदल कर इधर-उधर करके बताना, क्या झूठ है! इतनी चोरी और इतना झूठ तो धर्मराज महाराज में भी होगा, नहीं तो वे भगवान् जी को कैसे प्रसन्न रख सकते और संसार को कैसे चला सकते!

शास्त्र का प्रश्न भी भक्तिन अपनी सुविधा के अनुसार सुलझा लेती है। मुझे स्त्रियों का सिर घुटाना अच्छा नहीं लगता, अतः मैंने भक्तिन को रोका। उसने अकुंठित भाव से उत्तर दिया कि शास्त्र में लिखा है। कुतूहलवश मैं पूछ ही बैठी—'क्या लिखा है?' तुरन्त उत्तर मिला—'तीरथ गये मुँडाए सिद्ध।' कौन-से शास्त्र का यह रहस्यमय सूत्र है, यह जान लेना मेरे लिए सम्भव ही नहीं था। अतः मैं हारकर मौन हो रही और भक्तिन का चूड़ाकर्म हर बृहस्पतिवार को, एक दरिद्र नापित के गंगाजल से धुले अस्तुरे द्वारा यथाविधि निष्पन्न होता रहा।

पर वह मूर्ख है या विद्या-बुद्धि का महत्त्व नहीं जानती, यह कहना असत्य कहना है। अपने विद्या के अभाव को वह मेरी पढ़ाई-लिखाई पर अभिमान करके भर लेती है। एक बार जब मैंने सब काम करनेवालों से अँगूठे के निशान के स्थान में हस्ताक्षर लेने का नियम बनाया तब भक्तिन बड़े कष्ट में पड़ गयी, क्योंकि एक तो उससे पढ़ने की मुसीबत नहीं उठाई जा सकती थी, दूसरे सब गाड़ीवन दाइयों के साथ बैठकर पढ़ना उसकी वयोवृद्धता का अपमान था। अतः उसने कहना आरम्भ किया—'हमारे मलकिन तौ रात दिन कितबियन माँ गड़ी रहती हैं। अब हमहूँ पढ़ै लागब तो घर-गिरिस्ती कउन देखी-सुनी।'

पढ़ानेवाले और पढ़नेवाले दोनों पर इस तर्क का ऐसा प्रभाव पड़ा कि भक्तिन इन्स्पेक्टर के समान क्लास में घूम-घूमकर किसी के आ इ की बनावट, किसी के हाथ की मन्थरता, किसी की बुद्धि की मन्दता पर टीका-टिप्पणी

करने का अधिकार पा गयी। उसे तो अँगूठा निशानी देकर वेतन लेना नहीं होता, इसी से बिना पढ़े ही वह पढ़नेवालों की गुरु बन बैठी। वह अपने तर्क ही नहीं, तर्कहीनता के लिए भी प्रमाण खोज लेने में पटु है। अपने-आपको महत्त्व देने के लिए ही वह अपनी मालकिन को असाधारणता देना चाहती है; पर इसके लिए भी प्रमाण की खोज-ढूँढ़ आवश्यक हो उठती है।

जब एक बार मैं उत्तर-पुस्तकों और चित्रों को लेकर व्यस्त थी, तब भक्तिन सबसे कहती घूमी—'ऊ बिचरिअउ तौ रात-दिन काम माँ झुकी रहती हैं, अउर तुम पचे घूमती फिरती हौ! चलौ तनिक तिनुक हाथ बटाय लेउ।' सब जानते थे कि ऐसे कामों में हाथ नहीं बटाया जा सकता, अतः उन्होंने अपनी असमर्थता प्रकट कर भक्तिन से पिंड छुड़ाया। बस इसी प्रमाण के आधार पर उसकी सब अतिशयोक्तियाँ अमरबेलि-सी फैलने लगीं—उसकी मालकिन-जैसा काम कोई जानता ही नहीं, इसी से तो बुलाने पर भी कोई हाथ बटाने की हिम्मत नहीं करता।

पर वह स्वयं कोई सहायता नहीं दे सकती, इसे मानना अपनी हीनता स्वीकार करना है—इसी से वह द्वार पर बैठकर बार-बार कुछ काम बताने का आग्रह करती है। कभी उत्तर-पुस्तकों को बाँधकर, कभी अधूरे चित्र को कोने में रखकर, कभी रंग की प्याली धोकर और कभी चटाई को आँचल से झाड़कर वह जैसी सहायता पहुँचाती है, उससे भक्तिन का अन्य व्यक्तियों से अधिक बुद्धिमान होना प्रमाणित हो जाता है। वह जानती है कि जब दूसरे मेरा हाथ बटाने की कल्पना तक नहीं कर सकते, तब वह सहायता की इच्छा को क्रियात्मक रूप देती है, इसी से मेरी किसी पुस्तक के प्रकाशित होने पर उसके मुख पर प्रसन्नता की आभा वैसे ही उद्भासित हो उठती है, जैसे स्विच दबाने से बल्ब में छिपा आलोक। वह सूने में उसे बार-बार छूकर, आँखों के निकट ले जाकर और सब ओर घुमा-फिराकर मानो अपनी सहायता का अंश खोजती है और उसकी दृष्टि में व्यक्त आत्मतोष कहता है कि उसे निराश नहीं होना पड़ता। यह स्वाभाविक भी है। किसी चित्र को पूरा करने में व्यस्त, मैं जब बार-बार कहने पर भी भोजन के लिए नहीं उठती, तब वह कभी दही का शर्बत, कभी तुलसी की चाय वहीं देकर भूख का कष्ट नहीं सहने देती।

दिन भर के कार्य-भार से छुट्टी पाकर जब मैं कोई लेख समाप्त करने या भाव को छन्दबद्ध करने बैठती हूँ, तब छात्रावास की रोशनी बुझ चुकती है, मेरी हिरनी सोना तख्त के पैताने फर्श पर बैठकर पागुर करना बन्द कर देती

है, कुत्ता वसंत छोटी मचिया पर पंजों में मुख रखकर आँखें मूँद लेता है और बिल्ली गोधूली मेरे तकिए पर सिकुड़कर सो रहती है।

पर मुझे रात की निस्तब्धता में अकेली न छोड़ने के विचार से कोने में दरी के आसन पर बैठकर बिजली की चकाचौंध से आँखें मिचमिचाती हुई भक्तिन, प्रशान्त भाव से जागरण करती है। वह ऊँघती भी नहीं, क्योंकि मेरे सिर उठाते ही उसकी धुँधली दृष्टि मेरी आँखों का अनुसरण करने लगती है। यदि मैं सिरहाने रखे रैक की ओर देखती हूँ, तो वह उठकर आवश्यक पुस्तक का रंग पूछती है, यदि मैं कलम रख देती हूँ, तो वह स्याही उठा लाती है और यदि मैं कागज एक ओर सरका देती हूँ, तो वह दूसरी फाइल टटोलती है।

बहुत रात गये सोने पर भी मैं जल्दी ही उठती हूँ और भक्तिन को तो मुझसे भी पहले जागना पड़ता है—सोना उछल-कूद के लिए बाहर जाने को आकुल रहती है, वसंत नित्य कर्म के लिए दरवाजा खुलवाना चाहता है, और गोधूली चिड़ियों की चहचहाहट में शिकार का आमंत्रण सुन लेती है।

मेरे भ्रमण की भी एकान्त साथिन भक्तिन ही रही है। बदरी-केदार आदि के ऊँचे-नीचे और तंग पहाड़ी रास्ते में जैसे वह हठ करके मेरे आगे चलती रही है, वैसे ही गाँव की धूलभरी पगडंडी पर मेरे पीछे रहना नहीं भूलती। किसी भी समय, कहीं भी जाने के लिए प्रस्तुत होते ही मैं भक्तिन को छाया के समान साथ पाती हूँ।

युद्ध को देश की सीमा में बढ़ते देख जब लोग आतंकित हो उठे, तब भक्तिन के बेटी-दामाद उसके नाती को लेकर बुलाने आ पहुँचे; पर बहुत समझाने-बुझाने पर भी वह उनके साथ नहीं जा सकी। सबको वह देख आती है; रुपया भेज देती है; पर उनके साथ रहने के लिए मेरा साथ छोड़ना आवश्यक है; जो सम्भवतः भक्तिन को जीवन के अन्त तक स्वीकार न होगा।

जब गतवर्ष युद्ध के भूत ने वीरता के स्थान में पलायन-वृत्ति जगा दी थी, तब भक्तिन पहली ही बार सेवक की विनीत मुद्रा के साथ मुझसे गाँव चलने का अनुरोध करने आयी। वह लकड़ी रखने के मचान पर अपनी नयी धोती बिछाकर मेरे कपड़े रख देगी, दीवाल में कीलें गाड़कर और उन पर तख्ते रखकर मेरी किताबें सजा देगी, धान के पुआल का गोंदरा बनवाकर और उस पर अपना कम्बल बिछाकर वह मेरे सोने का प्रबन्ध करेगी। मेरे रंग, स्याही आदि को नयी हँडियों में सँजोकर रख देगी और कागज-पत्रों को छीके में यथाविधि एकत्र कर देगी।

'मेरे पास वहाँ जाकर रहने के लिए रुपया नहीं है', यह मैंने भक्तिन

के प्रस्ताव को अवकाश न देने के लिए कहा था; पर उसके परिणाम ने मुझे विस्मित कर दिया। भक्तिन ने परम रहस्य का उद्घाटन करने की मुद्रा बना कर और अपना पोपला मुँह मेरे कान के पास लाकर हौले-हौले बताया कि उसके पास पाँच बीसी और पाँच रुपया गड़ा रखा है। उसी से वह सब प्रबन्ध कर लेगी। फिर लड़ाई तो कुछ अमरौती खाकर आयी नहीं है। जब सब ठीक हो जाएगा, तब यहीं लौट आएँगे। भक्तिन की कंजूसी के प्राण पुंजीभूत होते-होते पर्वताकार बन चुके थे; परन्तु इस उदारता के डाइनामाइट ने क्षण भर में उन्हें उड़ा दिया। इतने थोड़े रुपये का कोई महत्त्व नहीं; परन्तु रुपये के प्रति भक्तिन का अनुराग इतना प्रख्यात हो चुका है कि मेरे लिए उसका परित्याग मेरे महत्त्व की सीमा तक पहुँचा देता है।

भक्तिन और मेरे बीच में सेवक-स्वामी का सम्बन्ध है, यह कहना कठिन है; क्योंकि ऐसा कोई स्वामी नहीं हो सकता, जो इच्छा होने पर भी सेवक को अपनी सेवा से हटा न सके और ऐसा कोई सेवक भी नहीं सुना गया, जो स्वामी के चले जाने का आदेश पाकर अवज्ञा से हँस दे। भक्तिन को नौकर कहना उतना ही असंगत है, जितना अपने घर में बारी-बारी से आने-जाने वाले अँधेरे-उजाले और आँगन में फूलनेवाले गुलाब और आम को सेवक मानना। वे जिस प्रकार एक अस्तित्व रखते हैं, जिसे सार्थकता देने के लिए ही हमें सुख-दुःख देते हैं, उसी प्रकार भक्तिन का स्वतंत्र व्यक्तित्व अपने विकास के परिचय के लिए ही मेरे जीवन को घेरे हुए है।

परिवार और परिस्थितियों के कारण उसके स्वभाव में जो विषमताएँ उत्पन्न हो गयी हैं, उनके भीतर से एक स्नेह और सहानुभूति की आभा फूटती रहती है, इसी से उसके सम्पर्क में आनेवाले व्यक्ति उसमें जीवन की सहज मार्मिकता ही पाते हैं। छात्रावास की बालिकाओं में से कोई अपनी चाय बनवाने के लिए उसके चौके के कोने में घुसी रहती है, कोई दूध औटवाने के लिए देहली पर बैठी रहती है, कोई बाहर खड़ी मेरे लिए बने नाश्ते को चखकर उसके स्वाद की विवेचना करती रहती है। मेरे बाहर निकलते ही सब चिड़ियों के समान उड़ जाती हैं और भीतर आते ही यथास्थान विराजमान हो जाती हैं। इन्हें आने में रुकावट न हो, सम्भवतः इसी से भक्तिन अपना दोनों जून का भोजन सवेरे ही बनाकर ऊपर के आले में रख देती है और खाते समय चौके का एक कोना धोकर पाक-छत के सनातन नियम से समझौता कर लेती है।

मेरे परिचितों और साहित्यिक बन्धुओं से भी भक्तिन विशेष परिचित है;

पर उनके प्रति भक्तिन के सम्मान की मात्रा, मेरे प्रति उनके सम्मान की मात्रा पर निर्भर है और सद्भाव उनके प्रति मेरे सद्भाव से निश्चित होता है। इस सम्बन्ध में भक्तिन की सहजबुद्धि विस्मित कर देने वाली है।

वह किसी को आकार-प्रकार और वेश-भूषा से स्मरण करती है और किसी को नाम के अपभ्रंश द्वारा। कवि और कविता के सम्बन्ध में उसका ज्ञान बढ़ा है; पर आदर-भाव नहीं। किसी के लम्बे बाल और अस्त-व्यस्त वेश-भूषा देखकर वह कह उठती है—'का ओहू कवित्त लिखे जानत हैं' और तुरन्त ही उसकी अवज्ञा प्रकट हो जाती है—'तब ऊ कुच्छौ करिहैं-धरिहैं ना—बस गली-गली गाउत-बजाउत फिरिहैं।'

पर सबका दुःख उसे प्रभावित कर सकता है। विद्यार्थी वर्ग में से कोई जब कारागार का अतिथि हो जाता है, तब उस समाचार को व्यथित भक्तिन 'बीता-बीता भरे लड़कन का जेहल—कलजुग रहा तौन रहा अब परलय होइ जाई—उनकर माई का बड़े लाट तक लड़ै का चाही', कहकर दिन भर सबको परेशान करती रहती है। बापू से लेकर साधारण व्यक्ति तब सबके प्रति भक्तिन की सहानुभूति एकरस मिलती है।

भक्तिन के संस्कार ऐसे हैं कि वह कारागार से वैसे ही डरती है, जैसे यमलोक से। ऊँची दीवार देखते ही, वह आँख मूँदकर बेहोश हो जाना चाहती है। उसकी यह कमजोरी इतनी प्रसिद्धि पा चुकी है कि लोग मेरे जेल जाने की सम्भावना बता-बताकर उसे चिढ़ाते रहते हैं। वह डरती नहीं, यह कहना असत्य होगा; पर डर से भी अधिक महत्त्व मेरे साथ का ठहरता है। चुपचाप मुझसे पूछने लगती है कि वह अपनी कै धोती साबुन से साफ़ कर ले, जिससे मुझे वहाँ उसके लिए लज्जित न होना पड़े। क्या-क्या सामान बाँध ले, जिससे मुझे वहाँ किसी प्रकार की असुविधा न हो सके। ऐसी यात्रा में किसी को किसी के साथ जाने का अधिकार नहीं, यह आश्वासन भक्तिन के लिए कोई मूल्य नहीं रखता। वह मेरे न जाने की कल्पना से इतनी प्रसन्न नहीं होती, जितनी अपने साथ न जा सकने की सम्भावना से अपमानित। भला ऐसा अंधेर हो सकता है! जहाँ मालिक वहाँ नौकर—मालिक को ले जाकर बन्द कर देने में इतना अन्याय नहीं; पर नौकर को अकेले मुक्त छोड़ देने में पहाड़ के बराबर अन्याय है। ऐसा अन्याय होने पर भक्तिन को बड़े लाट तक लड़ना पड़ेगा। किसी की माई यदि बड़े लाट तक नहीं लड़ी, तो नहीं लड़ी; पर भक्तिन का तो बिना लड़े काम ही नहीं चल सकता।

ऐसे विषम प्रतिद्वन्द्वियों की स्थिति कल्पना में भी दुर्लभ है।

मैं प्रायः सोचती हूँ कि जब ऐसा बुलावा आ पहुँचेगा, जिसमें न धोती साफ करने का अवकाश रहेगा, न सामान बाँधने का, न भक्तिन को रुकने का अधिकार होगा, न मुझे रोकने का, तब चिर विदा के अन्तिम क्षणों में यह देहातिन वृद्धा क्या करेगी और मैं क्या करूँगी?

भक्तिन की कहानी अधूरी है; पर उसे खोकर मैं इसे पूरी नहीं करना चाहती।

रामवृक्ष बेनीपुरी

रामवृक्ष बेनीपुरी का जन्म 12 दिसम्बर 1899 को उनके पैतृक गाँव मुजफ्फरपुर जिले (बिहार) के बेनीपुर गाँव के एक भूमिहार ब्राह्मण परिवार में हुआ था। उसी के आधार पर उन्होंने अपना उपनाम 'बेनीपुरी' रखा था। उनकी प्राथमिक शिक्षा ननिहाल में हुई थी। मैट्रिक पास करने के बाद वे असहयोग आन्दोलन में शामिल हो गये। उनकी भाषा-वाणी प्रभावशाली थी। उनका व्यक्तित्व आकर्षक एवं शौर्य की आभा से दीप्त था। रामवृक्ष बेनीपुरी भारत के एक महान विचारक, चिन्तक, मनन करने वाले क्रान्तिकारी साहित्यकार, पत्रकार, सम्पादक थे। वे हिन्दी साहित्य के शुक्लोत्तर युग के प्रसिद्ध साहित्यकार थे। वे एक सफल सम्पादक के रूप में भी याद किये जाते हैं। वे राजनीतिक पुरुष न थे, पक्के देशभक्त थे। इन्होंने भारतीय स्वतन्त्रता संग्राम में आठ वर्ष जेल में बिताये थे। ये हिन्दी साहित्य के पत्रकार भी रहे और इन्होंने कई समाचार-पत्रों जैसे युवक (1929) भी निकाले। इसके अलावा कई राष्ट्रवादी और स्वतन्त्रता संग्राम सम्बन्धी कार्यों में संलग्न रहे।

रचनाएँ

रामवृक्ष बेनीपुरी की आत्मा में राष्ट्रीय भावना लहू के संग लहू के रूप में बहती थी जिसके कारण आजीवन वह चैन की साँस न ले सके। उनके फुटकर लेखों से और उनके साथियों के संस्मरणों से ज्ञात होता है कि जीवन के प्रारम्भ काल से ही क्रान्तिकारी रचनाओं के कारण बार-बार उन्हें कारावास भोगना पड़ता। सन् 1942 में अगस्त क्रान्ति आन्दोलन के कारण उन्हें हजारीबाग जेल में रहना पड़ा। जेलवास में भी वह शान्त नहीं बैठ सकते थे। वे वहाँ जेल में भी आग भड़काने वाली रचनाएँ लिखते। जब भी वे जेल से बाहर आते उनके हाथ में दो-चार ग्रन्थों की पाण्डुलिपियाँ अवश्य होतीं, जो आज साहित्य की अमूल्य निधि बन गयीं। उनकी अधिकतर रचनाएँ जेलवास की कृतियाँ हैं।

सन् 1930 के कारावास काल के अनुभव के आधार पर पतितों के देश में उपन्यास का सृजन हुआ। इसी प्रकार सन् 1946 में अंग्रेज भारत छोड़ने पर विवश हुए तो सभी राजनीतिक एवं देशभक्त नेताओं को रिहा कर दिया गया। उनमें रामवृक्ष बेनीपुरी जी भी थे। कारागार से मुक्ति की पावन पवन के साथ साहित्य की उत्कृष्ट रचना 'माटी की मूरतें' (कहानी संग्रह) और 'आम्रपाली' (उपन्यास) की पाण्डुलिपियाँ उनके उत्कृष्ट विचारों को अपने अन्दर समा चुकी थीं। उनकी अनेक रचनाएँ जो यश कलगी के समान हैं उनमें 'जयप्रकाश', 'नेत्रदान', 'सीता की माँ', 'विजेता', 'मील के पत्थर', 'गेहूँ और गुलाब', 'शेक्सपीयर के गाँव में' और 'नींव की ईंट' शामिल हैं। इन लेखों में भी रामवृक्ष बेनीपुरी ने अपने देश प्रेम, साहित्य प्रेम, त्याग की महत्ता, साहित्यकारों के प्रति सम्मान भाव दर्शाया है वह अविस्मरणीय है।

उनकी रचनाओं का विस्तृत विवरण इस प्रकार है—

नाटक : 'अम्बपाली', 'सीता की माँ', 'संघमित्रा', 'अमर ज्योति', 'तथागत', 'सिंहल विजय', 'शकुन्तला', 'रामराज्य', 'नेत्रदान', 'गाँव के देवता', 'नया समाज', 'विजेता', 'बैजू मामा', 'शमशान में अकेली अन्धी लड़की के हाथ में अगरबत्ती'।

सम्पादन एवं आलोचन : 'विद्यापति की पदावली', 'बिहारी सतसई की सुबोध टीका जीवनी', 'जयप्रकाश नारायण'।

संस्मरण तथा निबन्ध : 'पतितों के देश में', 'चिता के फूल', 'लाल तारा', 'कैदी की पत्नी', 'माटी', 'गेहूँ और गुलाब', 'जंजीरें और दीवारें', 'उड़ते चलो, उड़ते चलो'।

ललित गद्य : 'वन्दे वाणी विनायक'।

ग्रन्थावली : 'Collected Works of Rambriksh Benipuri', 8 volumes, 'रामकृष्ण बेनीपुरी रचना संचयन'।

सम्मान

1999 में भारतीय डाक सेवा द्वारा बेनीपुरी जी के सम्मान में भारत का भाषायी सौहार्द मनाने हेतु भारतीय संघ के हिन्दी को राष्ट्र-भाषा अपनाने की अर्ध-शती वर्ष में डाक-टिकटों का एक सेट जारी किया। उनके सम्मान में बिहार सरकार द्वारा वार्षिक अखिल भारतीय रामवृक्ष बेनीपुरी पुरस्कार दिया जाता है।

9 सितम्बर 1968 को वे इस संसार से विदा हो गये।

रजिया

रामवृक्ष बेनीपुरी

कानों में चाँदी की बालियाँ, गले में चाँदी का हैकल, हाथों में चाँदी के कंगन और पैरों में चाँदी की गोडाई—भर बाँह की बूटेदार कमीज पहने, काली साड़ी के छोर को गले में लपेटे, गोरे चेहरे पर लटकते हुए कुछ बालों को सँभालने में परेशान, वह छोटी-सी लड़की जो उस दिन मेरे सामने आकर खड़ी हो गयी थी—अपने बचपन की उस रजिया की स्मृति ताजा हो उठी, जब मैं भी उस दिन अचानक उसके गाँव में जा पहुँचा।

हाँ, यह मेरे बचपन की बात है। मैं कसाईखाने से रस्सी तुड़ाकर भागे हुए बछड़े की तरह उछलता हुआ अभी-अभी स्कूल से आया था और बरामदे की चौकी पर अपना बस्ता सिलेट पटककर मौसी से छठ में पके ठेकुस लेकर उन्हें कुतर-कुतर कर खाता हुआ ढेंकी पर झूला झूलने का मजा पूरा करना चाह रहा था कि उधर से आवाज आयी—देखना, बबुआ का खाना मत छू देना—और उसी आवाज के साथ मैंने देखा यह, अजीब रूप-रंग की लड़की मुझसे दो-तीन गज आगे खड़ी हो गयी।

मेरे लिए यह रूप-रंग सचमुच अजीब था। ठेठ हिन्दुओं की बस्ती है मेरी और मुझे मेले-पेठिए में भी अधिक नहीं जाने दिया जाता, क्योंकि सुना है बचपन में मैं एक मेले में खो गया था, मुझे कोई औघड़ लिए जा रहा था कि गाँव की एक लड़की की नजर पड़ी और मेरा उद्धार हुआ। मैं माँ-बाप का इकलौता था। माँ चल बसी थी, इसलिए उनकी इस एकमात्र धरोहर को मौसी आँखों में जुगोकर रखतीं। मेरे गाँव में भी लड़कियों की कमी नहीं, किन्तु न उनकी ये वेशभूषा, न यह रंग-रूप! मेरे गाँव की लड़कियाँ कानों में बालियाँ कहाँ डालतीं और भर बाँह की कमीज भी उन्हें कभी नहीं पहने देखा, और गोरे चेहरे तो मिले हैं, किन्तु इसकी आँखों में जो एक अजीब किस्म का नीलापन दीखता, वह कहाँ? और समूचे चेहरे की काट भी कुछ निराली

जरूर—तभी तो मैं उसे एकटक घूरने लगा।

यह बोली थी रजिया की माँ, जिसे प्रायः ही अपने गाँव में चूड़ियों की खँचिया लेकर आते देखता आया था। वह मेरे आँगन में चूड़ियों का बाजार पसारकर बैठी थी और कितनी ही बहू-बेटियाँ उसे घेरे हुए थीं। मुँह से भाव-साव करती और हाथ से खरीदारिनों के हाथ में चूड़ियाँ चढ़ाती वह सौदे पटाये जा रही थी। अब तक उसे अकेले ही आते-जाते देखा था, हाँ, कभी-कभी उसके पीछे मर्द होता जो चूड़ियों की खाँची ढोता। यह बच्ची आज पहली बार आयी थी और न जाने किस बालसुलभ उत्सुकता ने उसे मेरी ओर खींच लिया था। शायद वह यह भी नहीं जानती थी कि किसी के हाथ का खाना किसी के निकट पहुँचने से ही छू जाता है। माँ जब अचानक चीख उठी, वह ठिठकी, सहमी—उसके पैर तो वहीं बँध गये, किन्तु इस ठिठक ने उसे मेरे बहुत निकट ला दिया, इसमें सन्देह नहीं।

मेरी मौसी झट उठीं, घर में गयीं और दो ठकुए और एक कसार लेकर उसके हाथों में रख दिये। वह लेती नहीं थी, किन्तु अपनी माँ के आग्रह पर हाथ में रख तो लिया, किन्तु मुँह से नहीं लगाया। मैंने कहा—खाओ न? क्या तुम्हारे घर में ये सब नहीं बनते? छठ का व्रत नहीं होता? कितने प्रश्न—किन्तु सबका जवाब 'न' में ही और वह भी मुँह से नहीं, जरा-सा गर्दन हिलाकर। और गर्दन हिलाते-हिलाते ही चेहरे पर गिरे बाल की जो लटें हिल-हिल उठतीं, वह उन्हें परेशानी से सम्हालने लगती।

जब उसकी माँ नयी खरीदारिनों की तलाश में मेरे आँगन से चली, रजिया भी उसके पीछे हो ली। मैं खाकर, मुँह धोकर अब उसके निकट था और जब वह चली, जैसे उसकी डोर में बँधा थोड़ी दूर तक घिसटता गया। शायद मेरी भावुकता देखकर ही चुड़िहारिनों के मुँह पर खेलने वाली अजस्र हँसी और चुहल में ही उसकी माँ बोली—बबुआ जी, रजिया से ब्याह कीजिएगा? फिर बेटी की ओर मुखातिब होती, मुस्कराहट में कहा—क्यों रे रजिया, यह दूल्हा तुम्हें पसन्द है? उसका यह कहना, कि मैं मुड़कर भागा। ब्याह? एक मुसलमानिन से? अब रजिया की माँ ठठा रही थी और रजिया सिमटकर उसके पैरों में लिपटी थी, कुछ देर निकल जाने पर मैंने मुड़कर देखा।

रजिया, चुड़िहारिन, वह इसी गाँव की रहने वाली थी। बचपन में इसी गाँव में रही और जवानी में भी। क्योंकि मुसलमानों में गाँव में ही शादी हो जाती है न? और यह अच्छा हुआ—क्योंकि बहुत दिनों तक प्रायः ही उससे अपने गाँव में ही भेंट हो जाया करती थी।

मैं पढ़ते-पढ़ते बढ़ता गया। बढ़ने पर पढ़ने के लिए शहरों में जाना पड़ा। छुट्टियों में जब-तब आता। इधर रजिया पढ़ तो नहीं सकी, हाँ, बढ़ने में मुझसे पीछे नहीं रही। कुछ दिनों तक अपनी माँ के पीछे-पीछे घूमती फिरी। अभी उसके सिर पर चूड़ियों की खँचिया तो नहीं पड़ी, किन्तु खरीदारिनों के हाथों चूड़ियाँ पिन्हाने की कला वह जान गयी थी। उसके हाथ मुलायम थे, बहुत मुलायम। नयी बहुओं की यही राय थी। वे इसी के हाथ से चूड़ियाँ पहनना पसन्द करतीं। उसकी माँ इससे प्रसन्न ही हुई—जब तक रजिया चूड़ियाँ पिन्हाती, वह नयी-नयी खरीदारिनें फँसाती।

रजिया बढ़ती गयी। जब-जब भेंट होती, मैं पाता, उसके शरीर में नये-नये विकास हो रहे हैं। शरीर में और स्वभाव में भी। पहली भेंट के बाद पाया था, वह कुछ प्रगल्भ हो गयी है—मुझे देखते ही दौड़कर निकट आ जाती, प्रश्न पर प्रश्न पूछती। अजीब अटपटे प्रश्न—देखिए तो, ये नयी बालियाँ, आपको पसन्द हैं? क्या शहरों में ऐसी बालियाँ पहनी जाती हैं? मेरी माँ शहर से चूड़ियाँ लाती हैं, मैंने कहा है, वह इस बार मुझे भी ले चले। आप किस तरफ रहते हैं वहाँ? क्या भेंट हो सकेगी—वह बके जाती, मैं सुनता जाता। शायद जवाब की जरूरत वह भी नहीं महसूस करती।

फिर कुछ दिनों बाद पाया, वह अब कुछ सकुचा रही है। मेरे निकट आने के पहले वह इधर-उधर देखती और जब कुछ बातें करती, तो ऐसी चौकन्नी-सी कि कोई देख न ले, सुन न ले। एक दिन जब वह इसी तरह बातें कर रही थी कि मेरी भौजी ने कहा—देखियो री रजिया, बबुआ जी को फुसला नहीं लीजियो। वह उनकी ओर देखकर हँस तो पड़ी, किन्तु मैंने पाया, उसके दोनों गाल लाल हो गये हैं और उन नीली आँखों के कोने मुझे सजल-से लगे। मैंने ध्यान दिया, जब हम लोग कहीं मिलते हैं, बहुत-सी आँखें हम पर भालों की नोक ताने रहती हैं।

रजिया बढ़ती गयी, बच्ची से किशोरी हुई और अब जवानी के फूल उसके शरीर में खिलने लगे हैं। अब भी वह माँ के साथ ही आती है, किन्तु पहले माँ की एक छाया मात्र लगती थी, अब उसका स्वतन्त्र अस्तित्व है और उसकी छाया बनने के लिए कितनों के दिलों में कसमसाहट है। जब वह बहनों को चूड़ियाँ पिन्हाती है, कितने भाई तमाशा देखने को वहाँ एकत्र हो जाते हैं। क्यों? बहनों के प्रति भ्रातृत्व भाव या रजिया के प्रति एक अज्ञात आकर्षण वहाँ लाता है उन्हें। जब वह बहुओं के हाथों में चूड़ियाँ ठेलती होती है, पतिदेव दूर खड़े कनखियों से देखते होते हैं—क्या? अपनी नवोढ़ा की कोमल कलाइयों

को, या इन कलाइयों पर क्रीड़ा करती हुई रजिया की पतायी उँगलियों को? और, जैसे रजिया को इसमें रस मिलता है। पतियों से चुहलें करने से वह बाज नहीं आती—बाबू, बड़ी महीन चूड़ियाँ हैं, जरा देखियेगा कहीं चटक न जायें। पतिदेव भागते हैं। बहुएँ खिलखिलाती हैं, रजिया ठट्ठा लगाती है। अब वह अपने पेशे में निपुण होती जाती है।

हाँ, रजिया अपने पेशे में भी निपुण होती जाती थी। चुड़िहारिन के पेशे के लिए सिर्फ यही नहीं चाहिए कि उसके पास रंग-बिरंग की चूड़ियाँ हों—सस्ती, टिकाऊ, टटके से टटके फैशन की। बल्कि यह पेशा चूड़ियों के साथ चुड़िहारिनों के बनाव-शृंगार, रूप-रंग, नाजोअदा भी खोजता है। जो चूड़ी पहननेवालियों को ही नहीं, उनको भी मोह सके, जिनकी जेब से चूड़ियों के लिए पैसे निकलते हैं, सफल चूड़िहारिन थी वह। यह रजिया की माँ भी किसी जमाने में क्या कुछ कम रही होगी—खँडहर कहता है, इमारत शानदार थी।

ज्यों-ज्यों शहर में रहना बढ़ता गया, रजिया से भेंट भी दुर्लभ होती गयी। और एक दिन वह भी आया, जब बहुत दिनों पर उसे अपने गाँव में देखा, पाया उसके पीछे एक नवजवान चूड़ियों की खाँची सिर पर लिए हैं। मुझे देखते ही वह सहमी, सिकुड़ी और मैंने मान लिया, यह उसका पति है। किन्तु तो भी अनजान-सा पूछ ही दिया—'इस मजूरे को कहाँ से उठा लायी रे?' 'इसी से पूछिये, साथ लग गया तो क्या करूँ'। नवजवान मुस्कराया, रजिया बिहँसी, बोली—'यही मेरा खाविन्द है मालिक।'

खाविन्द! बचपन की उस पहली मुलाकात में उसकी माँ ने दिल्लगी-दिल्लगी में जो कह दिया, न जाने वह बात कहाँ सोई पड़ी थी। अचानक वह जगी और मेरी पेशानी पर उस दिन शिकन जरूर उठ आयी होगी, मेरा विश्वास है। और, एक दिन वह भी आया कि मैं भी खान्विद बना। मेरी रानी को सुहाग की चूड़ियाँ पहनाने उस दिन रजिया आयी और उस दिन मेरे आँगन में कितनी धूम मचाई इस नटखट ने, यह लूँगी, वह लूँगी और ये मुँहमाँगी चीजें नहीं मिलीं तो 'वह' लूँगी कि दुलहिन टापती रह जायेगी। हट-हट तू बबुआ जी को ले जायेगी तो फिर तुम्हारा यह हसन क्या करेगा—भौजी ने कहा। यह भी टापता रहेगा बहुरिया, कहकर रजिया ठट्ठा मारकर हँसी और दौड़कर हसन से लिपट गयी। ओ हो मेरे राजा, कुछ दूसरा न समझना। हसन भी हँस पड़ा। रजिया अपनी प्रेमकथा सुनाने लगी। किस तरह यह हसन उसके पीछे पड़ा, किस तरह झंझटें आयीं, फिर किस तरह शादी हुई और वह आज भी किस तरह साया-सा उसके पीछे घूमता है—न जाने कौन-सा डर लगा रहता

है इसे। और फिर, मेरी रानी की कलाई पकड़कर बोली—मालिक भी तुम्हारे पीछे इसी तरह छाया की तरह डोलते रहें दुल्हन! सारा आँगन हँसी से भर गया था। और उसी हँसी में रजिया के कानों की बालियों ने अजीब चमक भर दी थी—मुझे ऐसा ही लगा था।

जीवन का रथ खुरदुरे पथ पर बढ़ता गया—मेरा भी, रजिया का भी। इसका पता उस दिन चला जब बहुत दिनों पर उससे अचानक पटना में भेंट हो गयी। यह अचानक बात तो थी, किन्तु क्या इसे भेंट कहा जाये?

मैं आजकल ज्यादातर घर से दूर-दूर ही रहता। कभी एकाध दिनों के लिए घर गया, शाम को गया, सुबह भागा। तरह-तरह की जिम्मेदारियाँ, तरह-तरह के जंजाल। इन दिनों पटना में, यों कहिये पटना सिटी में एक छोटे से अखबार में था, पीर-बाबर्ची-भिश्ती की तरह। यों तो लोग समझते कि मैं सम्पादक ही हूँ। उन दिनों न इतने अखबार थे, न इतने सम्पादक। इसलिए मेरी बड़ी कदर है, यह मैं जानता। जब कभी दफ्तर से निकलता, देखता, लोग मेरी ओर उँगली उठाके फुसफुसा रहे हैं। लोगों का मुझ पर यह ध्यान—मुझे हमेशा अपनी पद-प्रतिष्ठा का ख़याल रखना पड़ता।

एक दिन मैं चौक के एक प्रसिद्ध पान वाले की दुकान पर पान खा रहा था। मेरे साथ मेरे प्रशंसक नवयुवक थे, एक-दो बुजुर्ग भी आकर खड़े हो गये। हम पान खा रहे थे और कुछ चुहलें चल रही थीं कि एक बच्चा आया और बोला, 'बाबू, वह औरत आपको बुला रही है।'

औरत, बुला रही, चौक पर! मैं चौंक पड़ा। युवकों में थोड़ी हलचल, बुजुर्गों के चेहरे पर रहस्यमयी मुस्कान भी मुझसे छिपी नहीं रही। औरत कौन? मेरे चेहरे पर गुस्सा था, वह लड़का सिट-पिटाकर भाग गया।

पान खाकर लोग इधर-उधर चले, अचानक पाता हूँ, मेरे पैर उस ओर उठ रहे हैं जिस ओर उस बच्चे ने उँगली से इशारा किया था। थोड़ी दूर आगे बढ़ने पर पीछे देखा, परिचितों में से कोई देख तो नहीं रहा है। किन्तु इस चौक की शाम की रूमानी फिजा में किसी को किसी ओर देखने की कहाँ फुर्सत! मैं आगे बढ़ता गया और वहाँ पहुँचा जहाँ उससे पूरब वह पीपल का पेड़ है। वहाँ पहुँच ही रहा था कि देखा, पेड़ के नीचे चबूतरे की तरफ से एक स्त्री बढ़ी आ रही है। और निकट पहुँचकर कह उठी—सलाम मालिक!

धक्-सा लगा। किन्तु पहचानते देर नहीं लगी—उसने ज्यों ही सिर उठाया, चाँदी की बालियाँ जो चमक उठीं।

रजिया! यहाँ कैसे? मेरे मुँह से निकल पड़ा।

सौदा-सुलफ करने आयी हूँ मालिक! तब तो नये किस्म के लोग हो गये न? अब लाह की चूड़ियाँ कहाँ किसी को भाती हैं। नये लोग, नयी चूड़ियाँ। साज सिंगार की कुछ और चीजें भी ले जाती हूँ–पौडर, किलप, क्या-क्या चीजें न? नया जमाना, दुल्हनों के नये मिजाज।

फिर जरा-सा रुककर बोली–सुना था, आप यहीं रहते हैं। कहाँ रहते हैं मालिक? मैं तो अक्सर आया करती हूँ। और जब तक पूछूँ कि अकेली हो या...कि एक अधवयस आदमी ने आकर सलाम किया। यह सहन था। लम्बी-लम्बी दाढ़ियाँ, पाँच हाथ का लम्बा और मुस्तंडा भी। देखिए मालिक, यह आज भी मेरा पीछा नहीं छोड़ता। यह कहकर रजिया हँस पड़ी। अब रजिया वह नहीं थी, किन्तु उसकी हँसी वही थी। वही हँसी, वही चुहुल। इधर-उधर की बहुत-सी बातें करती रही और न जाने कब तक जारी रखती कि मुझे याद आया, मैं कहाँ हूँ और अब मैं कौन हूँ? कोई देख ले तो!

किन्तु, वह फुर्सत दे तब न। जब मैंने जाने की बात की, हसन की ओर देख कर बोली–क्या देखते हो, जरा पान भी तो मालिक को खिलाओ, कितनी बार हुमच-हुमचकर भरपेट ठूँस चुके हो बाबू के घर।

जब हसन पान लाने चला गया, रजिया ने बताया, किस तरह दुनिया बदल गयी है। अब तो ऐसे गाँव हैं जहाँ के हिन्दू मुसलमानों के हाथ से सौदे नहीं खरीदते। अब हिन्दू चुड़िहारिनें हैं, हिन्दू दरजी हैं। इसलिए रजिया ऐसे खानदानी पेशे वालों को बड़ी दिक्कत हो गयी है। किन्तु रजिया ने यह खुशखबरी सुनाई, मेरे गाँव में यह पागलपन नहीं और मेरी रानी तो सिवा रजिया के किसी दूसरे के हाथ से चूड़ियाँ लेती ही नहीं।

हसन का लाया पान खाकर जब मैं चलने को तैयार हुआ, वह पूछने लगी, मेरा डेरा कहाँ है। मैं बड़े पसोपेश में पड़ा। डरिये मत मालिक, अकेले नहीं आऊँगी, यह भी रहेगा। क्या मेरे राजा–यह कहकर वह हसन से लिपट पड़ी। पगली, यह शहर है शहर। यों...हसन ने हँसते हुए उससे बाँहें छुड़ाईं और बोला, बाबू, बाल-बच्चों वाली हो गयी, किन्तु इसका बचपना नहीं गया।

और दूसरे दिन पाता हूँ, रजिया मेरे डेरे पर हाजिर है। मालिक, ये चूड़ियाँ रानी के लिए–कहकर मेरे हाथों में चूड़ियाँ रख दीं। मैंने कहा, तुम तो घर पर जाती ही हो, लेती जाओ, वहीं दे देना।

नहीं मालिक, एक बार अपने हाथ से भी पिन्हा देखिए? वह खिलखिला पड़ी। और जब मैंने कहा–अब इस उम्र में? तो वह हसन की ओर देखकर बोली, पूछिए इससे, आज तक मुझे यही चूड़ियाँ पिन्हाता है या नहीं? और

जब हसन कुछ शरमाया, वह बोली—'घाघ है मालिक घाघ, कैसा मुँह बना रहा है इस समय' लेकिन जब हाथ में हाथ लेता है...ठठाकर हँस पड़ी इतने जोर से कि मैं चौंककर चारों तरफ देखने लगा।

हाँ, तो अचानक उस दिन उसके गाँव में पहुँच गया। चुनाव का चक्कर, जहाँ न ले जाये। जिस औघट-घाट पर न खड़ा कर दे। नाक में पेट्रोल के धुएँ की गन्ध, कान में साँय-साँय की आवाज, चेहरे पर दर्द-गुबार का अम्बार—परेशान, बदहवास। किन्तु उस गाँव में ज्योंही मेरी जीप घुसी, मैं एक खास किस्म की भावना से अभिभूत हो गया।

यह रजिया का गाँव है, यहाँ रजिया रहती थी। किन्तु क्या आज मैं यह भी पूछ सकता हूँ कि यहाँ कोई रजिया नाम की चुड़िहारिन रहती थी या है। हसन का नाम लेने में भी शर्म लगती थी। मैं वहाँ नेता बनकर गया था। मेरा जय-जयकार हो रहा था, कुछ लोग मुझे घेरे खड़े थे। जिसके दरवाजे पर जाकर पान खाऊँगा, वह अपने को बड़भागी समझेगा। जिससे दो बातें कर लूँगा वह स्वयं चर्चा का एक विषय बन जायेगा। इस समय मुझे कुछ ऊँचाई पर ही रहना चाहिए।

जीप से उतरकर लोगों से बातें कर रहा था, या यों कहिए कि कल्पना के पहाड़ पर खड़े खोकर एक आने वाले स्वर्ण-युग का सन्देश लोगों को सुना रहा था, किन्तु दिमाग में कुछ गृत्थियाँ उलझी थीं। जीभ अभ्यासवश एक काम किये जा रही थी, अन्तर्मन कुछ दूसरा ही ताना-बाना बुन रहा था। दोनों में कोई तारतम्य न था, किन्तु इसमें से किसी एक की गति में भी बाधा क्या डाली जा सकती थी?

कि अचानक, लो यह क्या? वह रजिया चली आ रही है। रजिया! वह बच्ची! अरे रजिया फिर बच्ची हो गयी? कानों में वे ही बालियाँ, गोरे चेहरे पर वे ही नीली आँखें, वही भर बाँह की कमीज, वे ही कुछ लटें जिन्हें सम्हालती बढ़ी आ रही है। बीच में चालीस-पैंतालीस साल का व्यवधान। अरे, मैं सपना तो नहीं देख रहा? दिन में सपना? वह आती है, गब्बर ऐसी भीड़ में घुसकर मेरे निकट पहुँचती है, सलाम करती है और मेरा हाथ पकड़कर कहती है—'चलिए मालिक, मेरे घर।'

मैं भौचक्का, कुछ सूझ नहीं रहा, कुछ समझ में नहीं आ रहा। लोग मुस्कुरा रहे हैं। नेताजी, आज आपकी कलई खुलकर रही। नहीं। यह सपना है कि कानों में सुनाई पड़ा, एक कह रहा है—कैभी शोख है लड़की। और दूसरा बोलता है ठीक अपनी दादी जैसी। और तीसरे ने मेरे होश की दवा दी—यह

रजिया की पोती है बाबू! बेचारी बीमार पड़ी है। आपकी चर्चा अक्सर किया करती है। बड़ी तारीफ करती है। बाबू, फुर्सत हो तो जरा देख लीजिए, न जाने बेचारी जीती है या...

मैं रजिया के आँगन में खड़ा हूँ। ये छोटे-छोटे साफ-सुथरे घर, यह लिपा-पुता चिक्कन-ढुर-ढुर आँगन। भरी-पूरी गृहस्थी—मेहनत और दयानत की बेन। हसन चल बसा है किन्तु अपने पीछे तीन हसन छोड़ गया है। बड़ा बेटा कलकत्ता कमाता है, मँझला पुश्तैनी पेशे में लगा है, छोटा शहर में पढ़ रहा है। यह बच्ची, बड़े बेटे की बेटी। दादा का सिर पोते में, दादी का चेहरा पोती में, हूबहू रजिया—दूसरी रजिया मेरी उँगली पकड़े आँगन से पुकार रही है—दादी ओ दादी, घर से निकल, मालिक दादा आ गये। किन्तु पहली रजिया निकल नहीं रही। कैसे निकले? बीमारी के मैले-कुचैले कपड़ों में मेरे सामने कैसे आये!

रजिया ने अपनी पोती को तो भेज दिया, किन्तु उसे विश्वास न हुआ कि हवागाड़ी पर आने वाला नेता अब उसके घर तक आने की तकलीफ कर सकेगा? और जब सुना, मैं आ रहा हूँ, तो बहुओं से कहा—जरा मेरे कपड़े तो बदलवा दो—मालिक से कितने दिनों पर भेंट हो रही है न?

इसकी दोनों पतोहुएँ उसे सहारा देकर आँगन में ले आयीं। रजिया—हाँ मेरे सामने रजिया खड़ी थी। दुबली-पतली रूखी-सूखी। किन्तु जब नजदीक आकर उसने 'मालिक सलाम' कहा, उसके चेहरे से एक क्षण के लिए झुर्रियाँ कहाँ चली गयीं, जिन्होंने उसके चेहरे को मकड़जाल बना रखा था। मैंने देखा, उसका चेहरा अचानक बिजली के बल्ब की तरह चमक उठा और चमक उठीं वे नीली आँखें, जो कोटरों में धँस गयी थीं। और, अरे चमक उठी हैं आज फिर वे चाँदी की बालियाँ और देखो, अपने को पवित्र कर लो, उसके चेहरे पर फिर अचानक लटक कर चमक रही हैं वे लटें, जिन्हें समय ने धो-पोंछकर शुभ्र-श्वेत बना दिया है।

माखनलाल चतुर्वेदी

माखनलाल चतुर्वेदी का जन्म 4 अप्रैल 1889 को बावई, होशंगाबाद (म.प्र.) में हुआ। इन्होंने हिन्दी एवं संस्कृत का अध्ययन-अध्यापन किया। ये 'कर्मवीर' राष्ट्रीय दैनिक के सम्पादक थे। इन्होंने स्वतन्त्रता आन्दोलन में सक्रिय रूप से भाग लिया। इनका उपनाम 'एक भारतीय आत्मा' है। मुख्य कृतियाँ हैं–'हिम-किरीटिनी', 'हिम-तरंगिनी' (कविता संग्रह); 'साहित्य-देवता' (गद्य काव्य) तथा 'कृष्णार्जुन युद्ध' (नाटक)। 'हिम-तरंगिनी' पर इन्हें साहित्य अकादमी पुरस्कार मिला। राष्ट्रीयता इनके काव्य का कलेवर है तथा रहस्यात्मक प्रेम उसकी आत्मा।

माखनलाल चतुर्वेदी जी को 1955 में साहित्य अकादेमी पुरस्कार से सम्मानित किया गया।

निधन 30 जनवरी 1968।

तुम्हारी स्मृति

माखनलाल चतुर्वेदी

दुनिया की मर्दुमशुमारी गलत हो रही है। यथार्थ में दुनिया में दो-चार ही गिने-चुने जीव रहते हैं। उन्हीं की गिनती दुनिया की गिनती है, और उन्हीं का मत दुनिया का मत। कोई चालीस बरस पहले से देखते आये हैं कि उस गरीब ने जिसे अपनी झोपड़ी नसीब नहीं और अमीर ने भी जिसने ऋद्धि-सिद्धियों को हाथ बाँधे खड़ा पाया, उस बेपढ़े ने जिसके लिए हाथ की लकड़ी ही अलिफ थी और उस पढ़े-लिखे ने भी जिसको अपनी बुद्धि बेचकर रोटियाँ नसीब हो जाती थीं, उस किसान ने जिस पर इन्साफ के नाम पर अत्याचार बढ़ते गये और उस व्यापारी ने जिसने केवल कच्चे माल की दलाली पर अपने को नीलाम पाया, बार-बार अपने हृदय को टटोला, बड़े जुलूसों में और जंगी मेलों में, कड़ी दुपहरी में और ठण्डी रातों में, तेज खुश्की में और करारी बरसात में, अपने हृदय को परखा और उस पर प्रकृति के द्वारा कुछ खुदता पाया। एक दिन आया कि करोड़ों ने अपने दिलों पर एक शब्द लिखा पाया। शब्द ऐसा था जो मिटाये मिटता नहीं, भुलाये भूलता नहीं, छुड़ाये छूटता नहीं और वह था—'तिलक'।

बात, एक ही बात लेकर यह मूरत अखाड़े में उतरी। आफत में जान थी। एक तरफ अज्ञानी जनता और दूसरी तरफ जानकार सरकार। धार्मिक? हाँ, वह धार्मिक था, और समाज-सेवक भी। वह नीतिमत्ता में कम न था और विद्वत्ता ऐसी अनोखी थी जिस पर मनुष्यता अभिमान कर सकती है, जहाँ ज्योतिष में उसकी कलम कमाल करती वहाँ साहित्य का वह आचार्य माना जाता। मातृभूमि के उपासकों में उसका दरजा उसी को प्राप्त है और महाराष्ट्र प्रान्त की सेवा करने में उसे 'वीर बाजी' कहने वाले लोगों की संख्या कम नहीं। प्राचीन का ऐसा उपासक कि वह आर्कटिक में वेदों की उत्पत्ति बतलाता।

और उन लोगों का, जो हिन्दू धर्म के उपासक होते, साथ देता। चिढ़ने वाले चिढ़ सकते हैं कि उसने विलायत से लौटकर प्रायश्चित्त किया, पर यह

उसका अपनापन था, सच्चाई थी। पर, उसके लिए एक बात कहनी चाहिए। वह राष्ट्रीय भावों का मतवाला था और उन्हीं पर मरना उसका काम था। पुरुष की ताकत एक ही काम ढूँढ़ती है और उसे पूरा करती है। परमपुरुष की ता:कत जीवन का मिशन पूरा करती है और उसके लिए पृथ्वी और आकाश सबको साधन बना डालती है। धर्म में धँसने पर उसे कृष्ण और उसकी गीता की जरूरत हुई और जीवित वेदान्त को मथकर उसने राष्ट्रीयता का मक्खन निकाला। उसने गरीबों का निवाज बनने में इज्जत समझी, और उनके कष्टों को दूर करने में उसकी जान इस तरह लड़ने लगी जिस तरह गर्मी के बाद बरसात होने लगती है। वह उनकी आवश्यकताएँ ढूँढ़ने लगा और धीरे-धीरे उनके हृदय में पहुँच गया। अपने संचित पुरुषत्व को उसने समाज की अवस्था से रगड़ा और पैदा होने वाली बिजली को उसने कलम के घाट उतारना शुरू किया। उसे गरम कहा जाता है, पर वह सच्चा था, धोखाधड़ी पसन्द नहीं। उसकी बुद्धि ने इसे स्वीकार नहीं किया कि कोई एक देश दूसरे देश को गुलाम बनाये रहे।

उसने परिस्थिति को बदलना चाहा। रास्ते दो थे। एक सचाई का जिसमें अज्ञानी जनता साथ न देती, अधिकारिणी शक्ति दुश्मनी भँजाती और सब गुणों और सेवाओं के बदले मिलती भूख, झिड़कियाँ, कष्ट और कठोर दण्ड। परन्तु हृदय चौबीसों घण्टे ईमानदार रहता और कहता, उद्धार के आधार की सृष्टि के अवतार की यही परिभाषा है। दूसरा रास्ता भी था, धीरे-धीरे काम चलाया जाता। दिखाया जाता कि अभी कुछ नहीं चाहते, पर मौका ढूँढ़ा जाता कि शत्रु हरा दिया जाये। आराम में खलल न पड़ने पाता और मनसूबे ही में मौत हो जाती। उसे पहला मार्ग भाया। उसका सबसे बड़ा गुण विरोध-असहयोग रहा। उसने अपनी पूरी जरूरतें सामने रखीं और कभी टुकड़ों पर मन नहीं ललचाया। वह धार्मिकों में पहुँचा और राष्ट्रीयता के जितने साधन प्राप्त हो सकते थे, उसने उनके चरणों में बैठकर प्राप्त किये। साहित्य को टटोला और जीवन-ज्योति जगमगाने वाली शक्ति उसमें भर दी। उसे उन सब गुणों की अपेक्षा थी, जिनसे राष्ट्रीयता को जीवन मिले, राष्ट्रीयता उसका धर्म था और देश की स्वाधीनता उसका ध्येय। वह अन्याय का आजीवन विरोधी रहा और उसने अधिकार न मिलने तक अधिकारियों से मिलना पाप समझा। उसकी बुद्धि नीति के उलझे हुए वायुमण्डल में प्रवेश कर जाती और एक ऐसा तत्त्व उसे ढूँढ़ देती जो उसके धर्म को निबाहता और ध्येय की ओर उसका कदम बढ़ाता। वह जनता को मन्त्रमुग्ध किये रहता और बिना हथियारों का कर्मव्रती सिंहासन हिलाया करता।

उसके काम करने के ढंग, धार्मिक सजीवता, व्यावहारिक सत्यता और ध्येय की दृढ़ता ने उसके देश को पढ़ों और बेपढ़ों में विश्वास की चीज बना दिया। परिणाम यह हुआ कि ईसा और मुहम्मद के अनुयायियों के समान बिना बनाये ही उसका एक दल बन गया। पर उसने अपने दल के दल को जनता पर इसलिए चढ़ाना प्रारम्भ किया कि उनके कष्टों से राष्ट्रीयता के पनपने में सहारा मिले। चरित्र की उच्चता में उसका लोहा शत्रुओं ने भी माना। वह अवसरों को उत्पन्न करता और उन्हें खाली नहीं जाने देता। संगठन उसका स्वभाव था, वह उचित कर्त्तव्यों के लिए उचित व्यक्तियों की योजना करता और उन्हें इतना अधिक अपना बना लेता कि संसार की कोई मानवीय ताकत उन्हें जीवन में बरगला न पाती। 'जगन्मिथ्या' के जड़ भाव उसके मार्ग में काँटे बोये और उसने अर्जुन के सारथी को उसके उपदेशों समेत कलम के कारागार में बन्द कर दिया। उसने उसे साथ लिया और भारतीय धर्म में आने वाली मुर्दनी की समय पर दुरुस्ती की। वह 'एक्सट्रीम' कहा जाता है, किन्तु ईसा, मुहम्मद अथवा गाँधी के समान अपने को जगत् की सात्विकता की एक्स्ट्रमिस्ट दुनिया में दुनियावी बनाकर रहा और किसी एक गुण और व्यवहार में चरम सीमा न दिखलाकर प्रत्येक गुण और व्यवहार को पैदा होने वाली परिस्थितियों के साथ-साथ समान रूप से विकसित करता रहा।

उसे ऋषि कहा जाता है। वह है भी। पर वह राजर्षि है, ब्रह्मर्षि नहीं। उसने गुणों का दुरुपयोग नहीं किया। प्रकृति के प्रदान किये हुए गुण का उसने सदुपयोग ही किया, वह चाहे राजाओं को शोभने वाला रजोगुण हो, चाहे योगियों को मोहने वाला सतोगुण। स्वामी राम के कथनानुसार निर्माता की हैसियत से उसने अपने अनुयायियों या जीवों के आगे कोई ऐसी बात नहीं रखी जिसे वे असम्भव कहकर छोड़ सकें। उसने पहले तरह-तरह की क्रियाएँ उत्पन्न करके भारतवर्ष में उलट-पलट की परिस्थितियों को निर्भीकता और सावधानता से उत्पन्न किया। कभी उसने स्वदेशी की आवाज उठाकर देश को 'क्रियेशन' (उत्पत्ति) के लिए उभाड़ा और कभी बॉयकॉट का हामी होकर क्रियेशन की ताकत में अनेक गुनापन ला दिया। इस तरह जहाँ शरीर को भारतीय करने में उसने जो दिखाया, वहाँ मनों को भारतीय करने के लिए जड़ से प्रारम्भ किया, यानी राष्ट्रीय शिक्षा का बीड़ा उठाया। उसने दिशा बना ली थी कि पहले शरीर पर स्वराज्य फिर मन पर स्वराज्य, फिर कार्य पर स्वराज्य, फिर साथियों पर स्वराज्य और फिर समूचे देश पर स्वराज्य। गुलामी उसे पसन्द न थी, फिर वह किसी की भी हो।

वह परम-मुक्ति, पूर्ण स्वाधीनता का उपासक था। इस काम में उसका संगठन बुरे और भले सब जीवों और पदार्थों का उपयोग करता। परिस्थितियों और व्यक्ति उत्पन्न करने के बाद वह उनका संगठन करता। फिर धीरे-धीरे वह अपने संगठन को और अपनी परिस्थितियों को बढ़ाता, ऊँची बनाता और अन्त में सारी परिस्थितियों, व्यक्तियों और वस्तुओं का अवतारी सूत्रधार बनकर उन्हें अपने ध्येय को निकटतम बनाने में लगा देता। जेल जाना, डब्ल्यू.टी. स्टेण्ड के समान उसके लिए साधारण बात थी। अत्याचारी शक्ति यह सुनने को तरसती रहती कि वह कम से कम एक बार दब जाये, पर दब जाना उसकी पढ़ी हुई किताबों में कदाचित उसे लिखा नहीं मिला। राज तलवारों के दम पर किये जाते हैं, उसने इसे झूठा सिद्ध किया। उसने सिद्ध किया कि कोई परायी ताकत जनता की इच्छा के बिना उस पर कब्जा नहीं कर सकती। विरोधिनी ताकत की बड़ी भारी हार थी कि वह उस बावन वर्ष के बूढ़े को कालेपानी की सजा दे। इससे उसकी शक्ति और सजीवता की परीक्षा हो सकती थी।

महाराष्ट्र का वह प्राण था, परन्तु उसने महाराष्ट्र को सीमारहित कर दिया था। उसकी आज्ञा पालने में, कश्मीर से कन्याकुमारी तक सभी महाराष्ट्र हो गया था। एक अदृश्य शक्ति के समान उसकी सत्ता भारतीयों के हृदय में विहार करती और जमीन तथा झाड़ों पर विदेशी ताकत का साम्राज्य रहते हुए भी वह करोड़ों भारतीयों का हृदय-सम्राट था। बड़ी-बड़ी शक्तियाँ उसके सामने सिर झुका देतीं, और कहतीं, तिलक ने मेरे व्यक्तित्व को अपने ध्येय की सड़क की गिट्टी बना डाला। उसकी सत्ता के भय से इंग्लैण्ड के न्यायदेवता को इसीलिए अन्याय करना पड़ा कि तिलक के प्रति न्याय करने से ब्रिटिश शासन की खैर नहीं। वह गत चालीस वर्ष से काम में लगा था और देश के गत चालीस वर्षों का इतिहास उसका निज का इतिहास है। भारत का कठोर दुश्मन भी बार-बार तिलक का नाम लिए बिना गत चालीस वर्षों का इतिहास नहीं लिख सकता, चाहे वह अपनी बुद्धि की अनेक शक्तियों का कितना ही उपयोग क्यों न करे।

उसने देश को सजीवता दी और बार-बार मिटकर यह दिखाया कि पूर्ण स्वाधीनता ही भारत का जीवन है। वह इससे एक तिल भी कम लेने के लिए राजी न था। वह भारतीय पार्लियामेंट का सपना देखता और अपने देश में इंग्लैण्ड की जैसी नीतिमत्ता, अमेरिका-सा अध्यवसाय और जर्मनी-सा संगठन लाने को प्रयत्नशील रहा। प्रतियोगी सहकारिता के लिए वह उस दिन राजी हुआ जिस दिन उसके देश को कुछ अधिकार की कद्र मिली। किन्तु वह अधिकारों

की कद्र उसने यह घोषणा करके की थी कि मैं कौंसिल में नहीं जाऊँगा। गाँधी की महान आत्मा ने उसकी लोकमान्यता को सिर पर लिया, लाजपतराय की विजयिनी शक्ति ने उसे मस्तक झुकाया और मालवीय की मंजुल मूर्ति उसके साथ रहकर धन्य हुई। उसने दिखाया कि एक दिन का स्कूल मास्टर, दूसरे दिन का सम्पादक और तीसरे दिन का कैदी किसी देश का लोकमान्य भगवान हो सकता है—उसी तरह जिस तरह एक दिन का कैदी, दूसरे दिन का ग्वालों का गोपाल और तीसरे दिन का सारथी भगवान कृष्ण जिस तरह उसकी शक्ति-शास्त्र रच सकी उसी तरह यदि उसके देश के शस्त्र न छिने होते, तो उसने अपनी रण-कर्कशता से भूमण्डल में अपने आप को महान सेनानायक और प्रचण्ड विजेता सिद्ध करने में कसर न की होती।

उसका जीव या उसके मिशन की पूर्णता का दूत चाहे जैसा हो, चाहे जहाँ रहता हो और चाहे जिस तरह रहता हो, तो भी उस पर प्रहार करने वाले का पहला वार, अनुयायी पर पड़ने के पहले ही वह सम्भाल लेता। उसके जेल जाने का भी इतिहास यही है और यही है उसकी छत्र-छाया में निवास करने वाले पुण्यात्माओं का उदाहरण। उम्र के बूढ़े, पर अपनी घोषणा के अनुसार उमंगों और क्रियाओं के युवा तपस्वी ने जबलपुर में भाषण देते हुए कहा था, "मेरे दिन थोड़े हैं, तुम मेरे जीते जी स्वराज्य प्राप्त करो।" उस समय यह ज्ञात नहीं था कि उसके देश पर उसकी जिम्मेदारी इतने शीघ्र आ पड़ेगी और उसकी बतायी विशेषताओं के अनुसार—राष्ट्र के मिशन के सिपाही उसकी गैरहाजिरी में चुनने पड़ेंगे। पर हो वही गया और आँसुओं को पोंछते हुए देश की आशाएँ शीघ्र ही सैनिकों की सेवा में पूरी तेजस्विता से खड़ा करती नजर आयीं।

विष्णुकान्त शास्त्री

विष्णुकान्त शास्त्री का जन्म 2 मई 1929 को कोलकाता में हुआ। इनका विवाह 26 जनवरी, 1953 को श्रीमती इन्दिरा देवी से हुआ, जिनसे इनकी एक पुत्री भारती शर्मा हुई। इन्होंने बी.ए., एम.ए., तथा एल.एल.बी. की डिग्रियाँ कलकत्ता विश्वविद्यालय से प्राप्त कीं। इन्होंने 1952 में एम.ए. हिन्दी में प्रथम श्रेणी में प्रथम स्थान प्राप्त किया था।

1953 में कलकत्ता विश्वविद्यालय के हिन्दी विभाग में प्राध्यापक नियुक्त हुए। क्रमशः उन्नति करते हुए आचार्य एवं विभागाध्यक्ष बने। आचार्य के पद से कलकत्ता विश्वविद्यालय से 31 मई, 1994 को अवकाश ग्रहण किया। ये 1944 में राष्ट्रीय स्वयंसेवक संघ से सम्बद्ध हुए। अखिल भारतीय विद्यार्थी परिषद् (कलकत्ता शाखा), श्री बड़ा बाजार कुमार सभा, पुस्तकालय, अनामिका, और भारतीय जनता पार्टी (पश्चिम बंगाल) के अध्यक्ष रहे।

विष्णुकान्त शास्त्री बंगीय हिन्दी परिषद् के उपाध्यक्ष, भारतीय जनता पार्टी के राष्ट्रीय उपाध्यक्ष, श्यामा प्रसाद मुखर्जी स्मारक समिति के महामन्त्री, भारतीय भाषा परिषद् के मन्त्री और भारत भवन भोपाल के ट्रस्टी भी रहे। सीनेट, कलकत्ता विश्वविद्यालय, कार्यकारी समिति, भारतीय हिन्दी परिषद्, हिन्दी अध्ययन बोर्ड इलाहाबाद विश्वविद्यालय, कार्यकारी समिति, कलकत्ता विश्वविद्यालय, बांग्लादेश सहायक समिति, हिन्दी सलाहकार समिति, गृह मन्त्रालय एवं सूचना प्रसारण मन्त्रालय के भी सदस्य रहे। भारत सरकार के मानव संसाधन विकास मन्त्रालय की समिति तथा परामर्श समिति, संसदीय राजभाषा समिति के भी सदस्य रहे।

इन्होंने देश भर के विश्वविद्यालयों एवं साहित्यिक संस्थानों की व्याख्यान मालाओं में भागीदारी ली। ये भक्ति साहित्य के अधिकारी विद्वान थे।

मौलिक कृतियाँ : 'कवि निराला की वेदना तथा निबन्ध', 'कुछ चन्दन

की कुछ कपूर की', 'चिन्तन मुद्रा', 'अनुचिन्तन' (साहित्य समीक्षा), 'तुलसी के हियहेरि' (तुलसी केन्द्रित निबन्ध), ''बांग्लादेश के सन्दर्भ में (रिपोर्ताज), 'स्मरण को पाथेय बनने दो', 'सुधियाँ उस चंदन के वन की' (यात्रा वृतान्त व संस्मरण), 'भक्ति और शरणागत' (विवेचन), 'ज्ञान और कर्म' (चिन्तन-दर्शन), 'अनन्त पथ के यात्री'—धर्मवीर भारती (संस्मरण)।

अनूदित : 'उपकालिदासय' (बांग्ला से हिन्दी), 'संकल्प-संत्रास-संकल्प' (बांग्लादेश की संग्रामी कविताओं का काव्यानुवाद), 'महात्मा गाँधी का समाज दर्शन' (अंग्रेजी से हिन्दी)।

सम्पादित : 'दर्शन और आज का हिन्दी रंगमंच', 'बालमुकन्द गुप्त : एक मूल्यांकन', 'बांग्लादेशः संस्कृति और साहित्य', 'तुलसीदास : आज के सन्दर्भ में', 'कलकत्ता 1993', 'अमर आग है' (अटल बिहारी वाजपेयी की चुनी हुई कविताओं का संकलन)। 'रस वृन्दावन' धर्मिक मासिक पत्रिका के प्रधान सम्पादक (1979-1984)।

विष्णुकान्त शास्त्री ने विभिन्न देशों में भ्रमण किया— सूरीनाम, गुयाना, त्रिनिदाद, अमेरिका, ब्रिटेन, फ्रांस, जर्मनी, इटली, बांग्लादेश, कनाडा, रूस, सिंगापुर, मलेशिया व थाईलैंड।

सम्मान एवं पुरस्कार : आचार्य रामचन्द्र शुक्ल पुरस्कार—उत्तर प्रदेश सरकार द्वारा 1972-1973 में 'कुछ चन्दन की कुछ कपूर की' पुस्तक पर। राज्य साहित्यिक पुरस्कार—उत्तर प्रदेश सरकार द्वारा 1974-1975 में 'बांग्लादेश के सन्दर्भ में' पुस्तक पर। विशेष पुरस्कार—उत्तर प्रदेश हिन्दी संस्थान द्वारा 1978-1979 में 'स्मरण को पाथेय बनने दो' पुस्तक पर। रामायण महोत्सव प्रतिष्ठान, चित्रकूट (उ.प्र.) द्वारा 19 मार्च 1979 को विशिष्ट सम्मान तुलसी साहित्य पर किये गये विशेष कार्य हेतु। साहित्य भूषण सम्मान, डॉ. राम मनोहर लोहिया सम्मान, राजर्षि टंडन हिन्दी सेवी सम्मान से सम्मानित हुए। रामकृष्ण मिशन इंस्टीटयूट ऑफ कल्चर, कलकत्ता द्वारा 1979 के लिए लेक्चरर के रूप में 'रामचरितमानस में ज्ञान और भक्ति' विषय पर व्याख्यान के लिए, 31 जनवरी 2000 को छत्रपति शाहू जी महाराज विश्वविद्यालय कानपुर द्वारा मानद डी.लिट् की उपाधि से सम्मानित। 6 अगस्त 2001 को बनारस हिन्दू विश्वविद्यालय द्वारा डी.लिट् की उपाधि से सम्मानित किया गया।

2 दिसम्बर 1999 को हिमाचल प्रदेश के राज्यपाल का कार्यभार ग्रहण किया तथा 24 नवम्बर 2000 को उत्तर प्रदेश के राज्यपाल पद पर सशोभित हुए।

ये हैं प्रोफेसर शशांक

विष्णुकान्त शास्त्री

''आप कहाँ के रहने वाले हैं?'' प्रो. शशांक की धाराप्रवाह बंगला सुनकर एक बंगाली प्रोफेसर ने पूछा।

''कहाँ का बताऊँ?''

''क्यों, आप जहाँ के रहने वाले हों।''

''देखिए, असल में बात यह है कि मैं शरीर को प्रधानता नहीं देता, वह तो बाह्य है, मुख्यता तो अन्तःकरण की है। वेदान्त के अनुसार अन्तःकरण के चार तत्त्व होते हैं—मन, बुद्धि, चित्त और अहंकार। मेरा मन बंगाली है, बंगला में जन्मा, पला, बढ़ा, बंगला-साहित्य पढ़ा, बंगाल की भावुकता पायी, अतः मन से बंगाली हूँ। मेरे पिता, पितामह, प्रपितामह काशी में संस्कृत का अध्ययन-अध्यापन करते रहे। पारिवारिक संस्कार और आचार-विचार का विवेक भी काशी से ही प्राप्त हुआ है, अतः कह सकता हूँ कि बुद्धि-तत्त्व काशी का है। चित्त और चित्तेश्वरी दोनों जम्मू की देन हैं। पूर्वज जम्मू से आये थे। आन-बान, स्वाभिमान और दृढ़ता का डोगरा स्वभाव विरासत में मिला है। अहंकार सारे भारतवर्ष का है। अब आप ही बताइये कि मैं अपने को कहाँ का कहूँ?''

प्रो. शशांक की लच्छेदार बातों का प्रभाव अगल-बगल के श्रोताओं पर खूब जमा किन्तु वह बंगाली प्रोफेसर भी कम नहीं निकला। उसने छूटते ही कहा—''आप बंगाली हैं, बंगाली को छोड़कर ऐसी बातें भला और कौन कर सकता है?''

प्रो. शशांक के मन में अकबर इलाहाबादी की पंक्ति कौंध गयी—'बात बंगाली की सुन, बंगालिनों के बाल देख।' वे मस्कराकर चुप हो गये।

प्रो. शशांक वैसे बहुत भले आदमी हैं। अब यह बात दूसरी है कि आज के युग में 'भले आदमी' की संज्ञा उन्हीं को दी जाती है, जो 'काम' बनाना

न जानते हों। और जो अपना ही काम न बना पाते हों, वे दूसरों का काम भला क्या बनायेंगे। मेरा यह विश्वास हो गया है कि आज शक्तिशाली वे ही हो सकते हैं, जो या तो अपने और दूसरों के अड़े हुए और अड़ने योग्य काम चालू कर सकें या दूसरों के चालू कामों में अड़ंगा डाल सकें। जो ऐसा नहीं करते हैं, उन्हें सहृदय व्यक्ति मुँह बिचकाकर, 'भले आदमी' की उपाधि दे डालते हैं, अर्थात् अप्रत्यक्ष रूप से कहना चाहते हैं कि ये महाशय उसी कोटि के व्यक्ति हैं, जिस कोटि के लोग ऊँचे सिद्धान्तों की बातें चाहे जितनी बघार लें, काम की एक नहीं जानते।

कुछ लोगों की राय में (जो अवश्य ही उनके प्रशंसक नहीं कहे जा सकते) वे प्रोफेसर से अधिक पहलवान लगते हैं। लम्बाई छह फीट, छाती की चौड़ाई इकतालीस इंच, जाटों की तरह हाथ-पैर, भला इतनी लम्बी-चौड़ी काया कहीं प्रोफेसरों की होनी चाहिए। उनका सिर बड़ा है तो क्या हुआ, पाँव भी तो बड़े हैं। कहावत है–'पाँव बड़े गँवारों के सिर बड़े सरदारों के।' प्रो. शशांक पर कहावत के दोनों हिस्से लागू होते हैं, जिसका अर्थ यही होना चाहिए कि वे गँवारों के सरदार हैं। यद्यपि ऐसे लोग भी हैं जो सबल शरीर को उनके सशक्त व्यक्तित्व का वाहक मानते हैं, उनके गेहुँए हँसमुख चेहरे पर गरिमा मण्डित सौम्यता और संस्कारशीलता की आभा पाते हैं, चश्में के भीतर से स्नेह और उत्फुल्लता बरसाने वाली आँखों में चिन्तनशीलता की झलक देखते हैं।

पोशाक उनकी सादी ही है। साल के नौ महीने तो काशी, कलकत्ते की परम्परा निभाते हैं, धोती-कुर्ता पहनकर, जिसकी स्वच्छता का श्रेय उनकी पत्नी सुस्मिता को ही मिलना चाहिए। सर्दियों में अढाई-तीन महीने चूड़ीदार पाजामा और शेरवानी या लम्बा कोट पहनते हैं ताकि जम्मू को शिकायत न रहे। यह कहना कठिन है कि उनके बदन पर दोनों में से कौन-सी पोशाक फबती है। जब वे नयी पोशाक पहनकर निकलते हैं तो उनके मुँह लगे मित्र कभी-कभी चुटकी देते हुए कहते हैं–

'बन्धु तुम्हारी देह स्वयं ही काव्य है,
जो पहनो सज जाय, सहज संभाव्य है।'

उनके स्वरूप में एक विरोधाभास और भी है। मूँछ बेचारी पर तो उस्तरा चल गया है लेकिन शिखा वर्तमान है जो 'गोखुर प्रमाण' की न होने पर भी कम मोटी और लम्बी नहीं कही जा सकती। वर्तमान और अतीत दोनों से मुक्त रहने के इस निदर्शन को उनके प्रगतिशील मित्र समझ नहीं पाते हैं, फलस्वरूप प्रो. शशांक की शिखा उन मित्रों की व्यंग्य-प्रतिभा के लिए उद्दीपन का कार्य

करती रहती है। सुप्रसिद्ध सांस्कृतिक संस्था 'अनामा' के होलिकोत्सव में एक बार श्री मोहनानन्द जालान ने आकाशवाणी-अनामा से घोषणा की थी—"विश्वस्त सूत्र से पता चला है कि लिफ्ट में फँस जाने के कारण प्रो. शशांक की शिखा जड़ से उखड़ गयी। इस दुर्घटना के लिए परीक्षा के आतंक से ग्रस्त षष्ठ वर्ष के विद्यार्थियों ने तीन मिनट और पंचम वर्ष के विद्यार्थियों ने एक मिनट तक खड़े रहकर शोक-प्रस्ताव पास किया।" दूसरी बार श्री श्रीचन्द्र जैन ने उनकी संस्तुति में यह छन्द पढ़ा था—

सागर था क्षुब्ध नीर-मन्थन के उपरान्त।
क्रुद्ध नागों को जकड़ पकड़ करे कौन शान्त॥
टूटे हुए रस्से लिए खड़े देव दानव मौन।
जानते हैं आड़े क्षण वस्तु आयी काम कौन,
चुटिया की चपेट धन्य जय जय जय श्रीशशांक।

किन्तु श्री शशांक पर इन सब का कुछ प्रभाव नहीं पड़ता, वे हँसकर इन बातों को उड़ा देते हैं।

प्रो. शशांक की हँसी भी उनकी खास अपनी है। आधुनिक सभ्यता में पले बुद्धिजीवी हों या प्राचीन मर्यादावादी—दोनों हँसना हल्कापन मानते हैं और अट्टहास तो उनके लिए गँवारूपन ही नहीं, अक्षम्य अपराध है, किन्तु प्रो. शशांक इस क्षेत्र में विधि निषेध से परे हैं। सभा हो या गोष्ठी, भले ही कक्षा में क्यों न हों, हँसी आने पर मर्द की तरह अट्टहास करते हैं, ऐसा अट्टहास कि परिचित लोग हिस्टिरिक समझ बैठें। उनके कथाकार मित्र श्री राजेन्द्र यादव कई बार मत प्रकट कर चुके हैं कि यदि प्रो. शशांक को कभी 'नोबेल पुरस्कार' मिला तो उनकी हँसी के लिए ही मिलेगा। मन्नू भण्डारी का कहना है कि मोहन राकेश को छोड़कर साहित्यिकों में ऐसा ठहाका लगाते किसी को नहीं सुना। प्रो. शशांक के अट्टहास से पीड़ित रीतिकालीन मनोवृत्ति वाले एक मित्र ने उन्हें एक दिन 'देव' की पंक्ति सुनाकर कायल करना चाहा—'अधिक अधक, मधि मध्यजन, उत्तम हँसत विनीत।' किन्तु उद्धरणों में प्रो. शशांक से पार जाना जरा टेढ़ी खीर है। उन्होंने चट से तुलसी की पंक्ति पढ़ी—'तुलसी सुनि केवट के बर बैन, हँसे प्रभु जानकी ओर हहा है।'

हँसी की तरह उनकी आवाज भी बुलन्द है। छात्रावस्था में ही उनके मित्रों ने लाउडस्पीकर की उपाधि दे दी थी, जिसकी सार्थकता आज भी उतनी ही है। सभा-समितियों में तो खैर गरजते ही रहते हैं, कक्षाओं में भी उनका 'मेघमन्द्ररव' ही गूँजता है चाहे छात्रों की संख्या कम ही क्यों न हो। एक

बार कक्षा की समाप्ति पर उनके एक छात्र ने उपस्थिति देने की प्रार्थना की। प्रोफेसर साहब के यह कहने पर कि आप कक्षा में तो आये ही नहीं, उपस्थिति किस प्रकार पा सकते हैं, उस छात्र ने उत्तर दिया—'सर, मैं बाहर खड़ा-खड़ा आपका पूरा व्याख्यान सुनता रहा। भीतर आने से व्याघात होगा, यही सोचकर नहीं आया, अतः मैं उपस्थिति पाने का अधिकारी हूँ।' श्री शशांक को उसकी बात मान लेनी पड़ी।

उनकी एक विशेषता यह भी है कि वे अनादि-अनन्त काल में जीते हैं। कलकत्ता जैसे व्यस्त और व्यापारी नगर में रहते हुए भी अब तक समय के प्रति बनियाबुद्धि के द्योतक प्रवाद वाक्य 'समय धन है' की सारवत्ता को वे नहीं समझ पाये हैं। सच्ची बात तो यह है कि बनियाबुद्धि उनमें है ही नहीं। उनका कहना है—कहाँ धन, जो हाथ का मैल भर भी नहीं और कहाँ समय जो जीवन का ही दूसरा नाम है। भला दोनों की क्या तुलना। भूमिका बिना बाँधे कहा जाये तो मतलब यह है कि जहाँ उन्हें रस मिलता है या जब उनके हृदय में रस उमड़ता है तब वे सब कुछ भूल जाते हैं कि उनके जिम्मे और कितने जरूरी काम हैं क्योंकि वे 'रस' को ही जीवन का वास्तविक प्राप्य मानते हैं। दाग का यह शेर उन भी लागू होता है—

हजरते दाग ये कूचए-कातिल है, उठिये,
आप तो जहाँ जाते हैं, जम जाते हैं।

सुनने-सुनाने में, बहस करने में, मित्रों से गपशप करने में डूब जाने के कारण कई बार ट्रेन तक छूट चुकी है। कक्षा में पढ़ाते समय 'मूड' आने पर वे घण्टा दो-घण्टा तक अधिक पढ़ा जाते हैं, पन्द्रह-बीस मिनट अधिक देर तक कक्षा लेते रहना तो नियम-सा बन चुका है। पढ़ाना उनका पेशा ही नहीं, नशा भी है। उनका यह नशा उन विद्यार्थियों के लिए सचमुच भारी पड़ता है जिनकी कक्षा वे आखिरी घण्टे में लेते हैं, किन्तु उनके विद्यार्थियों की श्रद्धा को यदि मानदण्ड माना जाये तो ऐसा नहीं लगता कि अपने अध्यापक की सनक उन्हें अप्रिय लगती है।

वैसे समय को जीवन मानने के कारण वे उसके छोटे-से-छोटे हिस्से को भी नष्ट नहीं करना चाहते। कलकत्ता शहर उनके इस सिद्धान्त का सबसे बड़ा शत्रु है जिसके एक छोर से दूसरे छोर पर जाने में घण्टा-सवा घण्टा या उससे भी अधिक समय लग सकता है। ट्राम-बस में जीवन का इतना बहुमूल्य अंश व्यर्थ ही नष्ट हो, यह वे कैसे पसन्द कर सकते हैं। आलू के बोरे की तरह ठसाठस भरी ट्राम या बस में खड़े-खड़े वे अपनी प्रिय कविताओं की मन ही

मन आवृत्ति करते रहते हैं। कभी-कभी सौभाग्य से जब बैठने का अवसर मिल जाता है, तो वे अपनी प्रिय नयी-पुरानी कविताओं को याद करते हैं या जब बहुत थके रहते हैं तो 'योग समाधि' में लीन हो जाते हैं ताकि गन्तव्य तक पहुँचते-पहुँचते हरे हो सकें। उनकी यह व्यवस्था उनके लिए अधिक लाभप्रद है कि जेबकतरों के लिए यह कहना मुश्किल है। होता यह है कि हर तीसरे-चौथे महीने कुछ परोपकारी सज्जन उनकी जेब के भार को हल्का करते हैं। उन्हें अधिक कष्ट न हो, इसलिए अब प्रोफेसर साहब अपनी जेबों को ज्यादा भारी रखते ही नहीं। मित्रों, विशेषकर पत्नी से सदुपदेश सुनते रहने पर भी वे अपनी आदत नहीं छोड़ते। उनका कहना है कि हर अच्छी चीज पर सरकार टैक्स लगाती है, चूँकि मेरी इस सुव्यवस्था पर अभी तक उसकी दया-दृष्टि नहीं हुई है, अतः उसके 'भाई-बन्द' उसका कार्य पूरा करते हैं। इसके लिए 'बजट' में रकम स्वीकार करनी चाहिए न कि इसके चलते अपने जीवन का एक बड़ा भाग व्यर्थ नष्ट करना चाहिए। और फिर कबीरदास तो कह ही गये हैं–

कबिरा आप ठगाइये, और न ठगिये कोय।
आप ठगे सुख होत है, और ठगे दुख होय॥

किन्तु इस हवाई उत्तर से किसी का समाधान नहीं होता। श्रीमती सुस्मिता आँखें नचाकर और सिर झटकाकर कहती हैं–"चलिए, रहने दीजिए, सिवाय बातें बनाने के आपको आता भी क्या है? इतना भी नहीं होता कि जेब को ही सँभाल रखें, भला, घर में और किसी की तो जेब नहीं कटती।" इस पर प्रोफेसर साहब ग़ालिब की पंक्ति मन ही मन दुहराकर रह जाते हैं–

'क्या बने बात जहाँ बात बनाये न बने।'

समय की ही तरह स्थान के प्रति भी श्री शशांक की दृष्टि दार्शनिक की सी है। परिवेश में रहते हुए भी परिवेश से परे रहने की साधना उन्हें प्रिय है। परिवेश अर्थात् देश, काल, वातावरण, परिणाम यह है कि भूगोल का उनका ज्ञान उसके प्रथम अक्षर को बाद देकर ही है। चाहे वह उनके अपने शहर कलकत्ते का भूगोल हो, चाहे होनोलूलू का। अपरिचित स्थानों की बात तो जाने ही दीजिए, दो-तीन बार के परिचित स्थानों पर जाने के लिए भी अक्सर उन्हें रास्ता पूछना पड़ता है एवं कई गलियों और सड़कों का द्राविड़ी प्राणायाम करने के बाद ही वे अपने गन्तव्य पर पहुँच पाते हैं। अपने आलोचक-बन्धु श्री नामवरसिंह के इस कथन से वे पूर्णतः सहमत हैं कि जिनका कालबोध तीव्र होता है वे कहानीकार होते हैं, जिनका देश और काल दोनों का बोध प्रखर होता है, वे उपन्याकार होते हैं और जो देश, काल में रहते हुए भी देशकाल

से परे होते हैं, वे ही कवि या कवि-हृदय हो पाते हैं। इस तरह अनायास ही दोनों बन्धु अपने को कम से कम कवि-हृदय सिद्ध कर सकते हैं, कविताएँ लिख-लिखकर तो दोनों घायल हो चुके हैं।

श्री शशांक कवि-हृदय हैं, इसे प्रायः सभी स्वीकार करते हैं। उनके और कविता के सम्बन्ध के बारे में नन्ददास की एक पंक्ति उद्धृत की जा सकती है—

"नन्ददास प्रभु कहत बनै ना मैं ही लटू कैधों वो ही लटू री।"

वे कविता पर लट्टू हैं या कविता उन पर लट्टू है, कहना कठिन है। संस्कृत, हिन्दी, बंगला, उर्दू की उन्हें इतनी कविताएँ याद हैं कि सुनाने पर आ जाते हैं तो घण्टों सुनाते रहते हैं। कविता की आवृत्ति वे अपने ढंग से भावों के अनुरूप करते हैं और 'कविता-पाठ' को कला मानते हैं। राजशेखर की इस उक्ति के वे पक्के समर्थक हैं—

करोति काव्यं-प्रायेण संस्कृतात्मा यथा तथा।
पठितुं वेत्ति स परं यस्य सिद्धा सरस्वती॥

अर्थात् सुसंस्कृत व्यक्ति किसी न किसी तरह काव्य रच ही लेता है, किन्तु पढ़ना वही जानता है जिसे सरस्वती सिद्ध हो। हिन्दी कवि-सम्मेलनों में प्रचलित ससुर कवियों की 'गलेबाजी' को वे काव्य-पाठ के गौरव के प्रतिकूल मानते हैं किन्तु उनके कुछ कृपालु मित्र इसके लिए उनकी अ-सुरक्षता को दायी ठहराते हैं।

प्रायः उनके छात्र और मित्र कहा करते हैं कि उनकी स्मृति-शक्ति अद्भुत है, किन्तु यह सच नहीं है, अद्भुत तो उनकी विस्मृत-शक्ति है। अप्रयोजनीय बातों को वे इतनी आसानी से भूल जाते हैं जैसे किसी ने पट्टी पर लिखे हुए को गीले कपड़े से पोंछ दिया है। अवश्य ही इसकी लपेट में कई ऐसी बातें भी आ जाती हैं जो जो उनकी पत्नी या परिवार वालों या मित्रों की दृष्टि से अत्यन्त प्रयोजनीय होती हैं। और जिनके लिए कभी-कभी उन्हें डाँट भी खानी पड़ती है, किन्तु उस समय वे बहुत भोला चेहरा बनाकर मिर्ज़ा ग़ालिब की पंक्ति पढ़ते हैं—'भूल जाना है निशानी मेरी।'

एक बार उनके एक मित्र ने देखा कि किताब की दुकानों की जगह वे अन्यान्य दुकानों के चक्कर लगा रहे हैं, उनके हाथ में एक पुर्जा है, जिसे वे परेशान नजर से बार-बार पढ़ते हैं, कोई चीज लेते ही उस पुर्जे पर कुछ टाँकने लगते हैं। अपना कौतूहल न रोक पाने के कारण उन मित्र महोदय ने आगे बढ़कर उस पुर्जे को खींच लिया तो पाया कि उसमें गृहस्थी की चार-छह साधारण चीजों के नाम थे और उनके सामने उनके दाम लिखे हुए थे। मित्र ने

पूछा—'प्रोफेसर, यह क्या बच्चों की तरह चार चीजों के लिए पुर्जा निकालकर लाये हो और फिर उस पर दाम भी लिखते जा रहे हो, इतनी कविताएँ रटे बैठे हो, इन चीजों के नाम पर दाम याद नहीं रख सकता?'

प्रोफेसर साहब ने गम्भीरता से उत्तर दिया, सुनो भाई, या तो कविताएँ ही याद रह सकती हैं या इन और इन जैसी चीजों के नाम-दाम। तुमने दूसरी बात चुनी है, मैंने पहली, अब इसमें 'किसी को किसी से शिकायत क्यों हो?'

तुलसीदास कह गये हैं—'हरि अनन्त, हरि कथा अन्ता।' प्रो. शशांक की कथा अनन्त भले न हो, इतनी संक्षिप्त भी तो नहीं है कि एक ही निबन्ध में चुक जाये, अतः इस समय इतना ही, शेष फिर कभी।

सच्चिदानन्द हीरानन्द वात्स्यायन 'अज्ञेय'

अज्ञेय का जन्म 7 मार्च 1911 को उत्तर प्रदेश के देवरिया जिले के कुशीनगर नामक ऐतिहासिक स्थान में हुआ। इनकी प्रारम्भिक शिक्षा-दीक्षा पिता की देख-रेख में घर पर ही संस्कृत, फारसी, अंग्रेजी और बँगला भाषा व साहित्य के अध्ययन के साथ हुई। 1925 में पंजाब से एंट्रेंस की परीक्षा पास की और उसके बाद मद्रास क्रिश्चियन कॉलेज में दाखिल हुए। वहाँ से विज्ञान में इंटर की पढ़ाई पूरी कर 1927 में वे बी.एससी. करने के लिए लाहौर के फॉरमन कॉलेज के छात्र बने। 1929 में बी.एससी. करने के बाद एम.ए. में उन्होंने अंग्रेजी विषय रखा पर क्रान्तिकारी गतिविधियों में हिस्सा लेने के कारण पढ़ाई पूरी न हो सकी।

'अज्ञेय' का 1930 से 1936 तक का समय विभिन्न जेलों में कटा। 1936-1937 में 'सैनिक' और 'विशाल भारत' नामक पत्रिकाओं का सम्पादन किया। 1943 से 1946 तक ब्रिटिश सेना में रहे, इसके बाद इलाहाबाद से 'प्रतीक' नामक पत्रिका निकाली और ऑल इंडिया रेडियो की नौकरी स्वीकार की। देश-विदेश की यात्राएँ कीं। जिसमें उन्होंने कैलिफोर्निया विश्वविद्यालय से लेकर जोधपुर विश्वविद्यालय तक में अध्यापन का काम किया। दिल्ली लौटे और 'दिनमान' साप्ताहिक, 'नवभारत टाइम्स', अंग्रेजी पत्र 'वाक्' और 'एवरीमैंस' जैसी प्रसिद्ध पत्र-पत्रिकाओं का सम्पादन किया। 1980 में उन्होंने 'वत्सलनिधि' नामक एक न्यास की स्थापना की, जिसका उद्देश्य साहित्य और संस्कृति के क्षेत्र में कार्य करना था। दिल्ली में ही 4 अप्रैल 1987 में उनकी मृत्यु हुई। 1964 में 'आँगन के पार द्वार' पर उन्हें साहित्य अकादेमी का पुरस्कार प्राप्त हुआ और 1979 में 'कितनी नावों में कितनी बार' पर भारतीय ज्ञानपीठ पुरस्कार।

प्रमुख कृतियाँ :

कविता संग्रह : 'भग्नदूत', 'इत्यलम', 'हरी घास पर क्षण भर', 'बावरा अहेरी',

'इन्द्र धनु रौंदे हुए ये', 'अरी ओ करुणा प्रभामय', 'आँगन के पार द्वार', 'कितनी नावों में कितनी बार', 'क्योंकि मैं उसे जानता हूँ', 'सागर-मुद्रा', 'पहले मैं सन्नाटा बुनता हूँ', 'महावृक्ष के नीचे', 'नदी की बाँक पर छाया' और 'ऐसा कोई घर आपने देखा है'।

कहानी-संग्रह : 'विपथगा', 'परम्परा', 'कोठरी की बात', 'शरणार्थी', 'जयदोल', 'ये तेरे प्रतिरूप'।

उपन्यास : 'शेखर : एक जीवनी', 'नदी के द्वीप', 'अपने अपने अजनबी'।

यात्रा वृत्तान्त : 'अरे यायावर रहेगा याद', 'एक बूँद सहसा उछली'।

निबन्ध संग्रह : 'सबरंग', 'त्रिशंकु', 'आत्मनेपद', 'आधुनिक साहित्य : एक आधुनिक परिदृश्य', 'आलवाल', 'संस्मरण : स्मृति लेखा'।

डायरियाँ : 'भवंती', 'अंतरा' और 'शाश्वती'। उनका लगभग समग्र काव्य 'सदानीरा' (दो खंड) नाम से संकलित हुआ है तथा अन्यान्य विषयों पर लिखे गये सारे निबन्ध 'केन्द्र और परिधि' नामक ग्रन्थ में संकलित हुए हैं। विभिन्न पत्र-पत्रिकाओं के सम्पादन के साथ-साथ 'अज्ञेय' ने 'तार सप्तक', 'दूसरा सप्तक', और 'तीसरा सप्तक'—जैसे युगान्तरकारी काव्य-संकलनों का भी सम्पादन किया तथा 'पुष्करिणी' और 'रूपांबरा' जैसे काव्य-संकलनों का भी। वे वत्सलनिधि से प्रकाशित आधा दर्जन निबन्ध-संग्रहों के भी सम्पादक हैं। निस्सन्देह वे आधुनिक साहित्य के एक शलाका-पुरुष थे, जिसने हिन्दी साहित्य में भारतेन्दु के बाद एक दूसरे आधुनिक युग का प्रवर्तन किया।

स्मरण का स्मृतिकार

अज्ञेय

राय कृष्णदास अस्सी पार कर चुके थे, इसलिए ज्योतिष के चालू मुहावरे में कहा जा सकता है कि वे पूर्णायु प्राप्त करके हमारे बीच से गये। लेकिन कुछ लोग ऐसे होते हैं जिनका जीवन वर्षों की नाप से नहीं नापा जाता। व्यक्तित्व और स्मृति का अभिन्न सम्बन्ध होता है। व्यक्तित्व के खंडित होने के साथ स्मृतिभ्रंश होता है और स्मृतिभ्रंश होने से व्यक्तित्व पंगु हो जाता है। राय कृष्णदास भारत के राष्ट्रीयताकामी पूरे समाज की मानों सजीव स्मृति थे। उनके उठ जाने से मुझे लगता है कि उस समाज की स्मृति लुप्त हो गयी है और इसलिए कहना होगा कि उसका व्यक्तित्व भी पंगु हो गया है।

डिकेंस के एक उपन्यास में मदाम दफार्ज नाम का एक स्त्री-चरित्र है जो फ्रांसीसी क्रान्ति के युग में चुपचाप एक अनन्त स्वेटर में से लोगों के नाम बुनती जाती है जिनसे क्रान्ति की सफलता के बाद बदला लेना होगा। मदाम दफार्ज एक हिंसापूर्ण राष्ट्रीय क्रान्ति की स्मृति थी, उस स्मृति की प्रेरणा प्रतिहिंसा की थी। राय कृष्णदास एक ऐसे अहिंसक राष्ट्रीय आन्दोलन के स्मृति-यन्त्र थे जिसमें बदला लेने का तो कोई सवाल ही नहीं था, बल्कि जिसके स्वाधीनता-प्रेम को भी एक ऐसा गौरव-बोध अनुप्राणित किये था जो दृष्टि को उदार बनाता था, जिसके लिए स्वाधीनता केवल राजनीतिक सीमा से बँधी नहीं थी, बल्कि जिसके सांस्कृतिक आयाम इतने व्यापक थे कि उसमें इतिहास और कला, दर्शन और साहित्य सब समा जाते थे। इस स्मृति को न स्थगित प्रतिशोध से मतलब था, न प्रत्याशित पुरस्कार से, यह स्मृति उस जीवन्त और अर्थगर्भ अतीत का प्रतिलेख तैयार करती जाती थी, जो भविष्य की लीकें डालता है और इन्हें स्नेह से सींचकर पूरे समाज की अग्रगति के लिए चिकना बनाता है।

न ऐसी दूसरी स्मृति आज इस देश में है, न ऐसा दूसरा व्यक्तित्व यहाँ ढूँढ़े मिलेगा। मुगल बादशाहत चलती रही, उस सल्तनत के अन्तिम दिनों में

और उन दिनों के विभिन्न नवाबी शासनों में इस घराने का बड़े महत्त्व का योग रहा। फिर कई वर्षों तक उन्होंने अंग्रेजी ठाट-बाट अपनाया तो उसमें ऐसे निष्णात हुए कि उत्तर प्रदेश के कई रईस अंग्रेजी तौर-तरीके और 'एटिकेट' के बारीक नुक्ते समझने उनके पास आते। लेकिन वह सब जब छोड़ा तो पलक की झपकी भर में छोड़ दिया। सरकार जी स्वयं कभी इन बातों का उल्लेख नहीं करते, न उनके व्यवहार में कहीं इसकी कोई छाप थी, कोई दूसरा उल्लेख करता तो एक सब्र-भरी तटस्थ मुस्कान के साथ वह मुँह फेर लेते, उनके चेहरे का भाव कुछ वैसा ही होता जैसे इतिहास का कोई विद्वान कुछ पुराने ऐतिहासिक तथ्यों की चर्चा सुन रहा हो जिनसे उसका ज्ञान के अतिरिक्त कोई सम्बन्ध नहीं है। तब फिर मैं क्यों इन तथ्यों का उल्लेख कर रहा हूँ? क्योंकि आभिजात्य का मनोभाव उन्होंने छोड़ दिया था, लेकिन उससे जो भी श्रेष्ठ संस्कार उन्हें मिल सकते थे, उनका सार-तत्व उन्होंने आत्मसात कर लिया था। वह स्वयं रईस नहीं थे, लेकिन रईस खानदान के होने से जो कुछ भी श्रेष्ठ, रक्षणीय और पूरे समाज की दृष्टि से मूल्यवान उन्हें प्राप्त हो सकता था, वह सब उन्होंने सँजो लिया था और उसे जीवन-भर बाँटते रहे—अत्यन्त विषम संकट के दिनों में भी माथे पर शिकन आने दिये बिना उसी सम-भाव से जो इस देश की साधना का लक्ष्य होता है। पहली बार उनसे मिला था तब वह गंगा के किनारे अपनी भव्य और विस्तृत कोठी 'शान्ति कुटीर' में रहते थे, शान्ति कुटीर को जब गंगा की बाढ़ बहा ले गयी और उसके बाद उनका अपना अद्वितीय कला-संग्रह भी उनका अपना न रहकर भारत कलाभवन बन गया, तब परम्परा से पुष्ट उनके चारित्रिक गुण और भी निखर कर सामने आये। आज 'भारत कला भवन' भारतीय चित्रकला के संसार-विख्यात संग्रहों में से एक है।

लेकिन सरकार जी को केवल कला-पारखी और 'आर्ट हिस्टोरियन' आदि कह कर छोड़ देना केवल उनके साथ अन्याय करना नहीं है, बल्कि समूची भारतीय परम्परा के साथ अन्याय करना है, क्योंकि वह उस परम्परा के एक समग्र और सन्तुलित रूप थे, श्रेष्ठ उदाहरण थे। यों उनकी औपचारिक शिक्षा अधिक नहीं हुई थी, लेकिन धर्म और दर्शन, इतिहास और पुराण, साहित्य और कला, भाषा और लोक-व्यवहार सभी क्षेत्रों में उनका ज्ञान और उनकी सूझ अद्भुत थी। प्राचीन परिभाषा में सच्चे ज्ञानवान् व्यक्ति को 'बहुपठित' नहीं, 'बहुश्रुत' ही कहते थे, बहुश्रुत कैसा हो सकता है, इसके सरकार जी एक ज्वलन्त उदाहरण थे। साहित्य और कला के विद्वान अथवा पारखी कहने से उनकी रुचि, उनकी दृष्टि और उनके सूक्ष्म संवेदन की पहुँच का सही पता

नहीं लगता। उनके लगाव के विस्तार को वे ही व्यक्ति जान सकते हैं जिन्हें उनके निकट सम्पर्क में आने का सौभाग्य मिला। कला-पारखी, कला-व्यसनी, कला-विलासी, साहित्य-पारखी, साहित्य-व्यसनी, साहित्य-विलासी—यह सब होकर वह सच्चे सहृदय सामाजिक थे। आज हम सभी 'कला' का एक सीमित अर्थ ग्रहण करने के आदी हो गये हैं—चित्रकला और मूर्तिकला और बहुत हुआ तो इनसे जुड़ते हुए कुछ-एक शिल्प। लेकिन राय कृष्णदास के निकटतम सम्पर्क में रहने वाले लोग भी बहुतधा उनके ज्ञान और उनकी रुचि के क्षेत्र-विस्तार से आश्चर्यचकित हो जाते थे—"वह जो अमुक कल आये थे, उनके हाथ में जो छड़ी थी, उसकी मूठ देखी थी? उन्नीसवीं शती के इंग्लैण्ड की खास चीज थी।"—अमुक तरकारी कैसे बनती है? मसालों का ब्यौरा, अनुपात और मात्रा सब उनसे सुन लीजिए। संगीत में उस्ताद अमुक और अमुक की गायकी में क्या सूक्ष्म भेद है? सरकार जी विस्तार से समझाने को तैयार हैं अगर आप में समझने की समझ है। अमुक ऐतिहासिक चित्र के घोड़े का रंग अंग्रेजी इतिहास में 'बे रोन' बताया गया है—यह 'बे रोन' कैसा रंग होता है? इसके जवाब में आप घोड़ों के रंगों के नामों की पूरी सूची पा लीजिए—उन नामों की जो सिर्फ रंगों के नाम नहीं हैं, बल्कि घोड़ों के रंगों के नाम हैं—यानी उनका अश्व-विद्या से ही विशेष सम्बन्ध है। यदि आपको रुचि और कुतूहल है तो आप बैठे-बैठे यह भी जान सकते हैं कि उन्हीं-उन्हीं रंगों के क्या-क्या नाम चित्रकारों में और लिलारियों में प्रचलित हैं और कौन-सा रंग कहाँ से आता है या कैसे तैयार किया जाता है।...

ऐसा नहीं था कि केवल तरह-तरह की जानकारियों का बहुत बड़ा भण्डार ही उनके पास हो। मर्मज्ञ केवल जानकारी का संग्रह नहीं करता, लगातार उनका पुनर्गठन और पुनःसंयोजन करता चलता है जिससे कि संवेदन के आगे नयी दिशाएँ खुलती चलें। और ऐसा शायद ही कोई चित्रकार या संगीतकार या साहित्यकार—कवि, कहानी, लेखक, उपन्यासकार, आलोचक—होगा जो सरकार जी से मिला हो और जिसने अपने ही क्षेत्र के अपने ज्ञान में कुछ न कुछ वृद्धि सरकार जी की प्रेरणा से न की हो, जिसकी दृष्टि कुछ अधिक पैनी या विशद न हुई हो, जिसका संवेदन अधिक ग्रहणशील न हुआ हो। मेरे ही गुरु स्थानीय स्व. मैथिलीशरण गुप्त थे जिनकी रचनाओं से काव्य का पहला संस्कार मुझे मिला, लेकिन इसके बावजूद मुझे सरकार जी से जितना प्राप्त हुआ और जितनी तरह का प्राप्त हुआ, उसकी कोई नाप मेरे पास नहीं है। क्योंकि सरकार जी अगर 'कला-साधक' थे तो चित्र-कला, संगीत-कला या

काव्य-कला तक ही सीमित नहीं थे, उनकी साधना जीवन की कला की साधना थी। सभी कलाओं के लोग उनके अपने थे और सभी कलाओं के लोगों के लिए वह उनके अपने। ऐसा व्यक्ति प्रकट रूप से जो होता है, अप्रत्यक्ष रूप से उससे कहीं अधिक गहराई तक समाज का निर्माता होता है, क्योंकि वह समाज को नये उदार संस्कार देता है। वह जीर्ण का उद्धार नहीं करता, जीर्ण में से उसकी अर्थवत्ता को निकालकर सामने लाता है और हमें बताता है कि हमारा जीवन कैसे सम्पन्नतर हो सकता है। जीवन को विस्तार देता हुआ वह उसके छोरों को मिलाता चलता है जिससे कि विस्तार कहीं भी बिखराव न होने पाये। मैंने उन्हें विभिन्न अवसरों पर कवियों, आलोचकों, पंडितों, चित्रकारों, इतिहासज्ञों और दार्शनिकों से बातचीत करते देखा, वह सभी को पूरा सम्मान देते थे और विनीत भाव से उनसे ज्ञान ग्रहण करने को प्रस्तुत दीखते थे। पर सभी को उनसे भी कोई प्रश्न, कोई संकेत, कोई सुराग, कोई सम्बन्ध-सूत्र ऐसा भी मिल जाता था जिससे उनका अपना विषय एक नये प्रकाश से आलोकित हो उठता था और वे एक नयी प्रेरणा अथवा जिज्ञासा लेकर लौटते थे। यह मुक्त आदान-प्रदान और जिज्ञासाओं का भी अनेकोन्मुख विस्तार और विनिमय ही विद्वान की असल देन होता है, नहीं तो किसी एक विषय के पंडित तो बहुत हो सकते हैं...

अपने युग की प्रमुख काव्य-विभूतियों से उनका सम्बन्ध—और उनके कारण बनने वाले इन काव्य-विभूतियों के परस्पर सम्बन्ध—इसका उत्तम उदाहरण हैं। प्रसाद, मैथिलीशरण गुप्त, महादेवी वर्मा, दिनकर—इनसे सरकार जी की घनिष्ठता के संस्मरण बहुतों से मिल जायेंगे, लेकिन क्या कारण था कि जो लोग स्वयं एक-दूसरे के निकट नहीं आ सकते थे या रह सकते थे सभी कृष्णदास को अपना अन्तरंग बन्धु स्वीकार कर सकते थे, उनसे अपने दुख-दर्द बँटा सकते थे और उनसे केवल प्रशंसा नहीं, अपनी रचनाओं की खरी आलोचना भी सुनने को राजी ही नहीं, उत्कंठ भी रहते थे? प्रसाद जी बराबर उनसे 'इस्लाह' लेते रहे, मैथिलीशरण गुप्त की 'भारत भारती' उनके विस्तृत संशोधनों के बाद ही छपी (यद्यपि उन्होंने कभी इस बात का उल्लेख नहीं किया, दद्दा ने भी नहीं किया)। 'निराला' के 'तुलसीदास' की भूमिका उन्होंने लिखी, पन्त जी की भी एक पुस्तक उनके पास भूमिका के लिए गयी थी और यह संयोग ही था कि उनकी भूमिका के साथ नहीं छपी। इतनी आस्था और किस विवेचक को मिली? निःसन्देह एक महत्त्वपूर्ण कारण मैं पहले बता चुका—उनकी उदार सहृदयता जो उन्हें सच्चा पारखी बनाती थी। पर उससे भी अधिक महत्त्व की

बात थी वह निःसंग वात्सल्य अथवा मांगल्य भाव जिस पर सबको प्रत्यय होता था और जिसके आगे सब निरस्त हो जाते थे। आलोचना से जो लाभ होता है वह दीख जाता है, पर जो अ-लाभ निरस्त कर दिया जाता है उसे बहुत से लोग नहीं देखते। सरकार जी की साहित्य-हितैषिता का एक बहुत बड़ा भाग एक ऐसी ही अदृश्य पापनाशी शक्ति थी जिसकी अमोघ प्रभविष्णुता थोड़े-से लोग ही जानते हैं। उसका श्रेय देना भी इसलिए कठिन होता है कि वह एक निवारक सत्ता होती है, पर समाज के निर्माण में उसका महत्त्व कम नहीं होता।

राय कृष्णदास में जैसा सूक्ष्म संवेदन और काव्य की गहरी सूझ-समझ थी, उसे देखते हो नहीं सकता कि वह कविता न लिखते। कविता उन्होंने लिखी, और यदि वह प्रसाद और मैथिलीशरण गुप्त दोनों के अन्तरंग मित्र और उनके बीच की कड़ी न बने रहते तो कदाचित उनका अपना कवि-रूप और उभरकर सामने आया होता। कविता तनाव की ऊर्जा माँगती है और राय कृष्णदास कितनी भावनात्मक ऊर्जा दोनों कवियों (और कितने अन्य कवि-कलाकारों!) के तनाव हल करने में व्यय करते रहे, वही जानते थे। फिर भी उन्हों ने लिखा और गद्यगीत की विधा में तो उन्होंने भाषा, संरचना और संहति का एक मानक ही स्थापित किया। मैं स्वयं गद्यगीत को एक काव्य-विधा के रूप में अधिक महत्त्व नहीं देता और मेरी धारणा है कि रवीन्द्रनाथ ठाकुर की अंग्रेजी 'गीतांजलि' न प्रकटी होती तो इस विधा को एकाएक इतनी पुष्टि भी न मिली होती जितनी हिन्दी में तीसरे-चौथे दशक में उसे मिली, उस पर विधा में राय कृष्णदास का एक विशिष्ट स्थान रहा जिसके कारण हिन्दी गद्य को भी एक मँजाव और निखार मिला, सूक्ष्म की अभिव्यक्ति की उसकी क्षमता बढ़ी। कलालोचन को तो उन्होंने एक समर्थ और सूक्ष्मग्राही भाषा दी ही, जिसमें उन्होंने परम्परा से (कहना चाहिए परम्पराओं से) प्राय शब्दावली को फिर से उसमें प्राण डालकर प्रतिष्ठित किया। उनकी कहानियों में भी एक सच्चे कला-मर्मज्ञ का संवेदन बार-बार मुखर होता है। आज के कलालोचक की प्रवृत्ति यही है कि अंग्रेजी शब्दावली लेकर उसके अन्धाधुन्ध अनुवाद करके चला दे, (या अनुवाद करने की भी जहमत न उठाये!) इस अत्यन्त गैर-जिम्मेदार प्रवृत्ति से उन्हें घृणा थी। जो परिभाषा संस्कृत कला-दर्शन और चिन्तन से उपलब्ध थी, उसे तो उन्होंने ग्रहण किया ही, विभिन्न कला-शिल्पों में परम्परा से जो शब्दावली प्रचलित थी, उसे भी उन्होंने उबारा। इसमें फारसी, अरबी के भी अनेक शब्द थे। वह मानते—और यह धारणा कला-पर्यवेक्षण की नींव पर टिकी है—कि हर जीवित कला और शिल्पों की अपनी जीवन्त शब्दावली होती है, न उसे उसकी जमीन

से उखाड़कर देखा जा सकता है, न बाहर से लायी गयी तदर्थ शब्दावली से वे अर्थ प्राप्त किये जा सकते हैं जो उनमें सुरक्षित हैं। इस दृष्टि से उनकी भारतीय चित्रकला और भारतीय मूर्तिकला ने इतने महत्त्व का काम किया है कि उसका मोल आँकना कठिन है—उन लोगों के लिए तो असम्भव जिनकी शिक्षा-दिक्षा अंग्रेजी में हुई है और जिनके पाण्डित्य की भित्ति विदेशी संवेदन पर खड़ी है। कला-समीक्षा में भारतीय चिन्तन का कुछ विकास आगे होगा तो उन्हीं दिशाओं में बढ़कर जिन्हें राय कृष्णदास ने आलोकित किया, नहीं तो नकली चिन्तन पर हम भले ही अनन्त काल तक प्रसन्न होते रहें, उसे कोई सम्मान मिलने वाला नहीं है। मैंने पहले राष्ट्रीय स्मृति का उल्लेख किया है, इस स्मृति का एक पक्ष यह भी है। उन्होंने भारत की जमीन पर खड़े होकर भारतीय ढंग से सोच कर भारतीय अनुभव को वाणी देने वाली भाषा हमारे लिए उबारी थी, क्या वह भी उन्हीं के साथ चली गयी?

जो जाता है, हम उसके संस्मरणों के माध्यम ये अपने भावोद्वेग को फूटने का मार्ग देकर स्वयं मुक्त हो लेते हैं, उसे इतिहास में उसका स्थान देने की जिम्मेदारी भी हम पर है—और यह जिम्मेदारी केवल उसके प्रति नहीं, स्वयं अपने प्रति भी है—यह भूल जाते हैं। फिर जब इतिहास की आवश्यकता की ओर ध्यान जाता है तब तक बच रह गया होता है केवल पुराण—कुछ संस्मरणों के आधार पर खड़ा किया एक कल्पित भावना-मंडित छाया-रूप। सरकार जी की अद्वितीय ऐतिहासिक स्मृति इसी के विरुद्ध एक जीवनव्यापी अभियान थी। चालीस वर्ष से अधिक के सम्पर्क के संस्मरण मेरे पास भी अनेक हैं, पर मैं जानबूझकर अभी उनसे बच रहा हूँ। इस श्रद्धांजलि में उन्हें आधार बनाना स्वयं उनके कार्य की अवमानना होगी। पर उनकी लगन और निष्ठा का एक छोटा मार्मिक उदाहरण देना चाहता हूँ। उनके निधन से तीन महीने पहले उनसे मिलने गया था, तब यह दोहराने के बाद कि "हम तो अब पका फल हैं", थोड़ी देर एक दार्शनिक भाव में डूबे रहने के बाद उन्होंने कहा, "अज्ञेय जी, हमारी, आपसे एक प्रार्थना है, बस उसे पूरा कर दीजिए..."

बात पर, कहने के ढंग पर, और उनके स्वर पर, चौंक कर मैंने कहा, "ऐसी बात क्यों कहते हैं—बताइए..."

वह बोले, "आपने एक बार बताया था कि लल्लूलाल के 'प्रेमसागर' के पहले संस्करण की प्रति आपको जोधपुर में कहीं पुरानी पुस्तकों में मिल गयी थी—आपने खरीद ली थी।"

मैं 'प्रेमसागर' की बात भी भूल गया था और यह तो मुझे अब भी याद

न आया कि मैंने सरकार जी से कब उसकी चर्चा की थी। मैंने कहा, ''हाँ, मेरे पास है तो।''

''वह आप 'भारत कला भवन' के लिए हमें दे दीजिए।''

मैं थोड़ी देर चुप रहा। संकोच के कारण नहीं, यह सोचकर कि इस स्थिति में भी उन्हें केवल 'भारत कलाभवन' के भंडार की वृद्धि की चिन्ता है। फिर मैंने कहा, ''मैं आपको पहले ही वचन दे चूका हूँ कि मेरे संग्रह की पुस्तकें, पाण्डुलिपियाँ, चित्र, मूर्तियाँ जब भी कहीं दी जायेंगी तो 'भारत कला भवन' को ही। 'प्रेमसागर' मैं अब की बार आते हुए ले आने की बात कहता, लेकिन आप तो जानते हैं कि मैं कितनी बार मकान बदलता हूँ—उसमें जो चीजें सुरक्षित भी रखी रहती हैं वे खोजने पर तत्काल मिल ही जायेंगी इसका भरोसा नहीं रहता। अभी फिर मकान बदलने वाला हूँ। बदलते समय या आगे-पीछे पुस्तक मिल जायेगी तो लेता आऊँगा, नहीं तो वह आयेगी 'कला भवन' में ही—वह आपकी अमानत समझें।''

एक ओर इस आश्वासन पर हल्की-सी सन्तुष्टि और दूसरी ओर यह अनुभवसिद्ध ज्ञान की 'जो बात होनी होती है, वह तत्काल हो जाती है, टलती है तो टल ही जाती है'—उनके चेहरे पर झलक गया। फिर हम दोनों देर तक चुप रहे। उससे आगे जो बात हुई, वह दोहराना अनावश्यक है क्योंकि संस्मरण मुझे नहीं लिखना है, केवल 'भारत कला भवन' के प्रति उनकी लगन का उल्लेख करना चाहता हूँ। कला भवन उन्हीं का बनाया हुआ था, और धीरे-धीरे दूसरी सब दिशाओं से अपने हाथ खींचकर—बल्कि अपनी बहुत सी कामनाओं की बलि देकर—उन्होंने अपने को उसी की सेवा के लिए अर्पित कर दिया था। वह जानते थे कि भारत कला भवन भी उसी प्रकार जतीय स्मृति का भंडार है जिस तरह वह स्वयं थे, भारत कला भवन भी जातीय व्यक्तित्व को बनाने में वैसा ही महत्त्वपूर्ण योग दे सकता है जैसा उनकी जीवनव्यापी साधना का लक्ष्य रहा।

भारत कला भवन ही उस स्मृति की स्मृति रह गयी है।

लेकिन सरकार जी परम वैष्णव थे, उनके संस्कार को याद रखते हुए कहूँ कि एक ज्योति विराट् ज्योतिःशरीर में मिल गयी है। उस दिव्य रूप में हमें आज भी उपलब्ध है और सदैव रहेगी—आँखें चाहिए।

पद्मा सचदेव

जन्म : पुरामंडल गाँव जम्मू में सन् 1940 में।

कार्यक्षेत्र : जम्मू और कश्मीर रेडियो में स्टाफ कलाकार के पद पर कार्य किया एवं बाद में दिल्ली रेडियो में डोगरी समाचार वाचक के पद पर कार्य किया।

डोगरी भाषा की प्रख्यात लेखिका एवं कवयित्री पद्मा सचदेव को इतिहास प्रेम विरासत में मिला है। उनके पिता प्रो. जयदेव शर्मा हिन्दी व संस्कृत के प्रकांड पंडित थे। पहले उन्होंने कवयित्री के रूप में ख्याति प्राप्त की। लोकगीतों से प्रभावित होकर इन्होंने 'मेरी कविता मेरे गीत' लिखे। इस काव्य संग्रह पर इनको 1971 का 'साहित्य अकादेमी' पुरस्कार मिला। बाद में उन्होंने हिन्दी और डोगरी गद्य पर भी वैसा ही अधिकार दिखाया जो डोगरी कविता पर।

अपने तीन और कविता संग्रहों के पश्चात् जम्मू कश्मीर की कला संस्कृति और भाषा अकादमी से 'रोब ऑफ आनर' मिला। उत्तर प्रदेश हिन्दी साहित्य अकादमी पुरस्कार, राजा राममोहन राय पुरस्कार से सम्मानित हुईं।

डोगरी कहानी के क्षेत्र में इनके आगमन से एक नयी मानसिकता व नयी संवेदन शक्ति का संचार हुआ है।

प्रमुख प्रकाशित कृतियाँ : 'तवी ते चन्हान', 'नेहरियाँ गलियाँ', 'पोता पोता निम्बल', 'उत्तरबैहनी, तैथियाँ', 'गोद भरी' तथा हिन्दी में एक विशिष्ट उपन्यास 'अब न बनेगी देहरी' आदि।

कमला

पद्मा सचदेव

चितरंजन पार्क में एक कमला नाम की औरत काम माँगने आयी। असल में वह मालिश वाली है। मैंने कहा कभी-कभी कर जाया करो। मेरे घर में तभी से वह झाड़ू-कटका और कपड़े धोने का काम भी करने लगी। शुरू में कभी-कभी मैं देखती उसकी नाक पर चोट लगी है, सिर पर लगी है, मुँह पर लगी है, पर मैं पूछती न थी। एक बार पूछा तो उसने कहा कि अँधेरे में गिर पड़ी थी। धीरे-धीरे आत्मीयता बढ़ती गयी तो मालूम हुआ यह बंगाली है और आदमी उड़ीसा का है। पैसे सारे ले जाता है। उड़ीसा से लोग आते रहते हैं। अभी भी एक लड़का रह रहा है। इसे उसके रोटी-पानी का जुगाड़ भी करना पड़ता है। घर में ज़मीनों पर मूँगफली, नारियल, धान सब उगता है, खूब बढ़िया खेती-बारी है पर पति काम नहीं करना चाहता। यहाँ बैठकर इसकी जान खाने में ही उसे तृप्ति मिलती है। एक बेटा भी है जो वहाँ गाँव में अपनी दादी के पास है। डेढ़ दो बरस तक तो कमला की बड़ी सास और माँ ने बेटे को रखा फिर कमला की सास उसे घर ले गयी। कमला काम न करे तो दिल्ली में, कमाई कौन करे और उनकी तरह-तरह की फ़रमाइशें कौन पूरी करे? आदमी शादी के समय तो दस-बीस रुपये कमा लेता था। लेकिन बाद में जब उसे दारू लग गयी तो क्या कमाई और क्या न कमाई। कमला का मानना है कि शादी के वक्त यह बहुत अच्छा था फिर बाद में उड़िया लोगों ने इसे खराब कर दिया। दारू पीने लगा तो ज़िन्दगी हराम हो गयी।

कमला की शादी भी एक नाटक ही थी। कमला के गाँव की एक औरत जो इसे कलकत्ता से दिल्ली लायी, शादी इसकी उसी ने करवाई थी। कलकत्ता के दिनों को याद करके कमला बड़ी खुश होती। वह अक्सर बताया करती है—

“मैं छोटी थी तो छह-सात साल की उम्र में ही खाना बनाने लगी थी। माँ तो इधर-उधर लोगों के घरों में जाकर गप करती रहती और बाबा को समय

पर खाना नहीं मिलता। मैं धीरे-धीरे रसोई में जाकर चावल-दाल चढ़ा देती, कोई सब्जी छौंक देती। मेरा मन उसमें लगता था क्योंकि बाबा को खाना समय पर मिलता था। बाबा बहुत खुश होते थे। हमारे बाबा हम पाँचों बच्चों को कन्धों पर बिठाकर ले जाते थे। कभी बाज़ार जाएँ या किसी के घर पर जाएँ तो बाबा हम सबकी सवारी होते। उनके कन्धों पर हम ऐसे फिट हो जाते जैसे ताँगे पर बैठे हों। बाबा बहुत ऊँचे थे और बहुत मजबूत भी। वह सारा दिन खेतों में काम करते और मछली पकड़ने का जाल भी बनाते थे। गुस्सा वाले थे हमारे बाबा, जब गुस्सा आता तो हम सब बच्चे थर-थर काँपते रहते थे। मैं और मेरी बहन काली हम जुड़वाँ हैं। मैं दो मिनट पहले पैदा हुई थी। पर मैं साँवली हूँ, वह बहुत काली थी। उसके साथ बहुत बुरा हुआ। एक आदमी गाँव में आता था। उसने उससे कहा, मैं तुमसे शादी करूँगा तुम्हें शहर ले जाऊँगा। अब यह इतनी बेवकूफ़ उसकी बात मान के शहर आ गयी। इसके पेट में जब बच्चा आ गया तो वह पता नहीं कहाँ चला गया। वह कहीं काम करने लगी और किराये के पैसे होते ही गाँव में आ गयी। अब गाँव में उसको लड़की पैदा हुई तो एक दो महीने की लड़की छोड़कर वह फिर अपने आदमी को ढूँढ़ने निकल गयी। कलकत्ता में किसी-किसी के घर काम करती रही। उधर ही इसका दिमाग़ खराब हो गया। थोड़े दिन कहीं काम करती है फिर वहाँ से भी छोड़ देती है। मैंने उससे कहा, मेरे घर में रहो तो वह मुझे गाली देने लगती है। इसकी बेटी तो मेरे बड़े बाबा की बड़ी लड़की के पास है। उन्होंने ही उसकी शादी भी कर दी है, पर इसे कोई होश नहीं। इसने बीस हज़ार रुपये उसकी शादी के लिए बैंक में रखे हैं अब वही निकलवा के खा रही है। ज़्यादा दिन कहीं काम नहीं कर सकती। रास्ते में होती है तो मुझे देखकर मुँह घुमा के चल देती है।"

कमला अपनी बहन की बात हँसी में टाल देती है। मुझे लगता है उसने ज़िन्दगी को ही हँसी में टाल दिया है। असल बात तो यह है कि कमला को दस-बारह बरस करीब से देखने के बाद ही मुझे लगा, ये लोग घर के न होते हुए भी कितने ज़्यादा घर के होते हैं। कमला इतने बरसों से बखूबी जान गयी है कि मुझे कुछ पता नहीं है इसीलिए अक्सर ऊँची आवाज़ में डाँटकर वह सन्तोष प्राप्त कर लेती है।

'आपको कुछ पता नहीं है।' यह उसका मेरे लिए तकिया कलाम है। मेरे घर की चिन्ता वह निश्चय ही मुझसे ज़्यादा करती है। अभी कल ही गली में गाय बिया गयी तो मेरी चिन्ता का पारावार न रहा। उसका मूर्ख बछड़ा

थन के पास मुँह ले जाने के बाद भी दूध न पी पा रहा था और मुझे गाय के खाली हुए पेट की बड़ी चिन्ता थी। मैंने अपने लल्लू से फुलके बनवाकर उसमें गुड़-घी डालकर एक छोटी टोकरी में रखा और गाय के पास जाकर कहा, "माँ, यह खा लो।" उसने मुझे कुछ नहीं कहा और चूरी खाने लगी। उसका मूर्ख बछड़ा मेरी तरफ हैरानी से देख रहा था, पर मुझे मालूम था अगर मैंने भी उसे देखा तो गाय देख लेगी। मैं वहाँ से चली आयी। चौकीदार ने कहा, अगर इसे धान खिलाया जाये तो लटकती हुई जेर छूट सकती है। मैंने ड्राइवर से धान मँगवाकर उसके सामने रखवा दिया। वह खाने लगी और मैंने पाया उसकी जेर छूट गयी थी और उस पर कौए टूट पड़े थे। कमला सारा दिन उस गाय के चक्कर में रही। बाल्टी-भर पानी उसके आगे रखा। गाय प्यासी थी पानी पी गयी।

मेरे पतिदेव लाहौर के हैं। उनके लिए गाय का बछड़ा कौतूहल का विषय हो सकता है पर यह सब नाटक तो दिल्ली की एक गली में हो रहा है। पतिदेव मुम्बई फोन करके अपनी बेटी से बोले, "आज तुम्हारी माँ को फुर्सत नहीं है। गली में आकर एक गाय ने बछड़ा दिया है और तुम्हारी माँ सुबह से ही सोहर गा रही हैं। मुझे पक्का पता है, बेटी भी उस तरफ़ हँस रही होगी। यह शहरिए क्या जानें गाय बियाने पर गाँव में क्या खुशियाँ लुटती थीं। सच में शहरों की नाटकबाज़ी ने हमें गाँव से कितनी दूर कर दिया है!"

कमला कभी-कभी टेलीविजन पर एक बंगाली एक्टर को देखती तो कहती, "ओह उत्तमकुमार, इसकी शूटिंग तो मैंने कलकत्ता में देखी थी। जिनके घर में काम करती थी उनके पास ही एक झील थी। वहीं पर शूटिंग होती थी। काम करके मैं वहीं जाकर देखती यह एक्टर लोग कितना नाटक करता है। कितना दिन एक ही शूटिंग चल रहा है। उही गाना गाता है वैसा ही नाचता है। यह दारू बहुत पीता था।"

मैंने पूछा, "तुम कलकत्ता क्या करने गयी थीं। तुम्हारे बाद बाबा के लिए खाना कौन बनाता था?"

"वह...हमारी माँ ही तो बनाती थी। मेरा भाई उधर पढ़ता भी था और नौकरी भी करता था। इसलिए मैं बाबा को बोलकर कभी कलकत्ता चली जाती थी। भाई का खाना बना देती फिर खाली रह जाती तो एक बंगाली घर में थोड़ा काम करने लगी। भाई धर्मतल्ला में कहीं नौकरी करता था। बंगाली घर में ज्यादा काम नहीं था। अभी मैं छोटी भी थी। छोटे-छोटे काम करती थी। कलकत्ता तो बड़ा शहर है। वह लोग कभी घूमने जाते तो साथ ले जाते

थे। गंगासागर मुझे बहुत अच्छा लगता था। कमला ने ही बताया था। कमला के नाना के पास बड़ी जमीन थी। माँ ने उधर कुछ नहीं किया था इसलिए यहाँ भी नहीं करती थी। बाबा बहुत काम करता था। एक कोठरी में अनाज भरा रहता था। बाबा का कुत्ता उसकी रखवाली करता था। बाबा के घर में मोर भी था, कोयल भी, तोता भी। कुत्ता घर के अन्दर नहीं आता था। बाहर ही रहता, वहीं पर उसको खाना देते थे। पर घर के अन्दर बाहर का कोई आदमी नहीं आ सकता था। बाबा मछली का इतना अच्छा जाल बुनता था कि सब लोग जाल ठीक करवाने आते रहते थे। मेरा गाँव बड़ा सुन्दर था।"

अपने बाबा की बात करते ही कमला की आँखें चमकने लगतीं और पूरी देह खुशी से भर उठती। कमला कहती, "बाबा कभी मारते नहीं थे। बस आँख दिखाते थे। आँख बड़ी करते तो हम सब बच्चे चूहे की तरह बिल में चले जाते। माँ भी बाबा से डरती थी। मैं बाबा के साथ बाज़ार जाती थी। बाबा सौदा पकड़ाकर कहता, 'तुम घर चली जाओ।' फिर बाबा अपने दोस्तों के साथ गप मारता, पान खाता फिर घर आता था। हमारे गाँव में स्कूल मास्टर छड़ी से बहुत मारता था। अच्छा नहीं लिखो तो मारता। ठीक से पढ़ो नहीं तो मारता था। मैंने पढ़ा ही नहीं, भैया पढ़ता था। मैं घर में खाना बनाती, पानी भरकर लाती, दाल-चावल बना देती। अपनी बड़ी माँ से पूछकर सब्जी भी छौंक देती। घर में गाय का दूध होता, बैल खेतों पर चले जाते। मैं गाय को भी पानी-सानी देती थी। फिर दादा के साथ कलकत्ता गयी तो बाबा ने कुछ न कहा। दादा नौ क्लास तक पढ़ा था। वह कलकत्ता में मोमबत्ती की फैक्ट्री में काम करता था। पैसा जमा करके घर भी बनवाया था। मैं जब पास के घर में काम करने लगी तो दादा को मेरी चिन्ता भी न रही। उनके घर में गेहूँ पिसाकर ला देती, पानी ले आती, सिल पर मसाला पीस देती। वह उस वक्त पन्द्रह बीस रुपये देता था। बाबा या घर का कोई आता तो उसे खाना देता था। मुझे भी बहुत खाना देता था।"

कमला बात क्या करती!...जैसे कहीं-कहीं से ज़िन्दगी की सीवन उधेड़ती है। दिल्ली आने का सुयोग भी ऐसे बना कि गाँव में उसकी माँ की एक मौसी दिल्ली आ रही थी, इसको भी साथ ले आयी—"दिल्ली में पैसा ज्यादा मिलता था, बाबा से पूछा था तो बाबा ने कहा, तुम्हारा मन है तो जाओ। वहाँ कलकत्ता में माँ की रिश्ते में एक मौसी थी वही दिल्ली आ रही थी। उसके साथ मैं भी दिल्ली आ गयी। उसी साल इन्दिरा गाँधी मरी थीं। दिल्ली में बड़ा दंगा हो रहा था। बड़ा डर लगा था नानी ने कहीं काम पर लगवा

दिया। बाबा को पैसे भेजती थी। वह लोग बहुत अच्छा था। मैं एक बजे तक सारा काम खत्म कर देती थी। सब मुझसे बहुत खुश थे।

"जो नानी थी उसने दो-तीन साल बाद कहा—अब तुम्हारी शादी पर दूँगी। मेरा आदमी तब पंजाब से काम करके आया था। झुग्गी लेकर रहता था। पैसे भी कमाता था। मेरे आदमी ने नानी को कुछ पैसे भी दिया होगा। नानी ने एक दिन कहा, आज तुम्हारी शादी है बस कालका जी मन्दिर में शादी हो गयी।

"मेरे बाबा और ससुर दोनों ने कहा, ऐसे कैसे शादी कर ली? हमने तब गोविन्दपुरी में एक झुग्गी किराये पर ली। वहीं हम दोनों रहने लगे। मैं काम पर जाती थी। यह भी नलके और बाथरूम का काम करता था। जो पैसा कमाता मुझे देता था। जब बेटा पैदा हुआ तो इसने मिठाई भी बाँटी थी। तब मेरी छोटी ननद मेरे पास थी। वही इसको देखती थी। मैं काम से आती तो भी मेरा बेटा ननद के साथ चिपका रहता था। हम शादी के बाद कलकत्ता भी गये थे। हम मेरी के मैके भी गये तो सब बड़े खुश हुए थे।

"मेरा आदमी पहले लड़का की बहुत देखभाल करता था। उसको नहलाता, खाना खिलाता, उसके साथ खेलता था। हम झुग्गी में रह रहे थे तभी मैंने किश्तों पर झुग्गी खरीदी। उस वक्त साढ़े सात हज़ार रुपये लगे थे। जब अपनी झुग्गी हो गयी तो यह अपने गाँव से किसी-न-किसी को लेकर आता। एक लड़का तो दो-तीन साल रहा। यहीं खाता-पीता था पर एक पैसा नहीं देता था। मेरे आदमी का साइकिल भी ले गया। मेरा आदमी गाँव गया तो उसकी बहन के साथ शादी कर ली। उसकी माँ तो समुन्दर में रहती है।"

मैंने हैरान होकर पूछा, "कमला समुन्दर में कोई कैसे रह सकता है?" तो उसने कहा, "जहाँ समुन्दर का पानी नहीं आता वहीं समुन्दर के पास झुग्गी डालकर रहता है। इसका बाप मर गया तो दोनों माँ-बेटी उसे उठाकर समुन्दर में डाल आयीं। ऐसा लोग हैं यह। हमारे खेतों पर काम करते हैं वहीं मेरे आदमी को फाँस लिया।"

मैंने पूछा, "कमला यह तुम कैसे कह सकती हो उस लड़की को तेरे आदमी ने फाँसा या लड़की ने फाँसा?"

कमला गुस्सा होकर बोली, "आपको कुछ पता नहीं है, वह हरामखोर खेत पर इसको देखती रहती थी। अब आदमी क्या करेगा?"

कमला की बात काटने का कोई फायदा नहीं था। कुछ दिनों में कमला ने ही बताया कि एक सुबह जब यह घर से आया तो मैंने दरवाजा खोला, तो देखा, इसके पीछे वह लड़की खड़ी थी। मैंने कहा, "चले जाओ जहाँ से

आया है, मैं इसको मार डालूँगी।" मैं बेलन लेकर पीछे दौड़ी। यह लोग जा चुके थे। उस हरामखोर के पेट में मेरे आदमी का बच्चा था।

दो-चार दिन के बाद कमला ने कहा, "उसका बच्चा गिराना पड़ेगा वह मुझसे डेढ़ सौ रुपये माँगकर ले गया है। उधार हैं दे देगा।"

इस कांड के बाद कमला ने हज़ारों रुपये ओझा और पंडितों पर लगा दिये। आकर मुझसे कहती—मेरे आदमी का सिर खराब हो गया है। जामा मस्जिद जाऊँगी वहाँ एक पीर तावीज़ देता है साथ में दवा भी देता है। बस यह लड़की घर चली जाए।

कुछ महीने बीते तो पता चला कमला के आदमी ने कमला की झुग्गी के पास ही एक झुग्गी किराये पर ली है और उसके घर लड़की पैदा हो गयी है। डेढ़ सौ रुपये भी कुछ काम न आये। कमला का आदमी दूसरी औरत को ब्यूटीफुल कहता है। और ब्यूटीफुल इधर-उधर यह कहती फिरती है कि पता नहीं अपनी झुग्गी में वह रहने कब जाएगी। कमला का आदमी कमला से कहता, "झुग्गी में दो कमरे हैं, तुम दोनों मिल-जुलकर रहो। वह काम करेगी तो तू बच्चों को देखना।" एक लड़का भी हो गया है। कमला ने आदमी को दो हाथ जमाकर कहा, "यह मेरी झुग्गी है, इसे अपने बाप के घर लेकर चला जा।"

एक बार कमला को ससुराल जाना पड़ा तो उसके आदमी ने कितना ही सामान जाकर ब्यूटीफुल को दे दिया। उसके पेटीकोट, साड़ियाँ, दो पतीले, रजाई वग़ैरा-वग़ैरा। कमला घर पर आयी तो झाड़ू फिर चुका था। फिर उसने एक अटैची में अपनी साड़ियाँ भरकर ऊपर हमारे पास रखवा दीं। कुछ और चीज़ें भी रखीं। उसका स्वभाव इतना अच्छा है कि काम के लिए कभी किसी को मना नहीं करती। जब यह दूसरी नहीं आयी थी तब तो घरवालों पर रोब डालने के लिए कमला का आदमी उसका फ्रिज़ बेच आया। पलँग बेच आया और कुछ पैसे घर भेज दिये। भला इन बातों पर सवाल उठाती तो वह लड़ाई-झगड़े पर उतर आता। पुलिस भी कई बार आती थी और कमला के आदमी से सौ या पचास लेकर चली जाती थीं। यह कमला का कहना है।

"पुलिस का नाम मेरा सामने मत लेना आंटी पुलिस ही सब खराबी करती है।"

पुलिस का नाम आते ही कमला एकदम आग बबूला हो जाती है। पुलिस में अपनी किरन बेदी से मैंने एक बार कहा, "किरण जी, मेरी कमला पति से बहुत त्रस्त है।" तो उन्होंने अपना फैक्स और टेलीफ़ोन नम्बर देकर कहा, "पद्मा जी, मुझे बता दीजिए मैं सब ठीक करवा दूँगी।" ज़ाहिर है मैंने अगले

दिन कमला से कहा, "कमला, किरन बेदी पुलिस में सबसे बड़ी अफ़सर है। वह तेरा काम कर देगी पर तुम्हें भी मेरे साथ चलना पड़ेगा।" कमला बिफरकर बोली, "मैं पुलिस के पास नहीं जाना चाहती। मेरा आदमी आप देखो कितना दुबला है, पुलिस मारेगी तो वह मर जाएगा।"

मैंने कहा, "जो आदमी तेरे ऊपर इतना जुल्म करता है, रोज़ हल्ला करके तुम्हें मारता भी है और तेरे पैसे भी ले लेता है उसे मार पड़े तो तुम्हें क्या है?"

कमला बोली, "अरे आंटी, आपको बस पुलिस दिखाई देती है।"

मैंने कहा, "किरन बेदी का नाम सुना है वह सब ठीक कर देंगी।"

कमला बोली, "नाम तो सुना था पर मैं पुलिस केस नहीं चाहती।"

तो साहेब कमला को मैंने कहा, "भाड़ में जाओ" और किरन बेदी अमेरिका चली गयीं। मेरी कमला की ज़िन्दगी उसी ढर्रे पर चलने लगी।

अब पुत्र-कांड भी कम दिलचस्प नहीं है। बेटा हमेशा क्लास में फर्स्ट आता रहा। कमला कहती थी, उसको वज़ीफा भी मिलता है। वह उसका दादा लेता है। जो पैसा मैं भेजती हूँ वह ट्यूशन पर जाता है। अब ग्यारहवीं के बाद बेटे को मुहल्ले की एक लड़की के साथ इश्क हो गया। उसने कॉलेज जाना बन्द कर दिया। कमला बोली, लड़की उसको खराब कर रही है। लड़का तो पढ़ना नहीं चाहता है। लड़की की छवि मैंने देखी थी। वह अच्छी नहीं है।

इधर कमला का पति तो इश्क में गिरफ्तार ही था। उधर बेटा भी इस गली में घुसने का यत्न करने लगा। एक और खबर आयी कि कमला का ससुर भी एक औरत से फँस गया है। कमला ने घटना का ज़िक्र कुछ यूँ किया :

कमला के ससुर के खेतों के साथ एक विधवा के खेत भी थे। जिन पर कमला के ससुर ने हाथ मारने की कोशिश की। एक फसल भी उगाकर खा ली। फिर वह विधवा औरत अदालत में जाकर रोयी कि यह मेरे खेत लेना चाहता है। इसने मेरी इज्जत पर हाथ डाला। एक अच्छा मुकद्दमा बन गया और कमला का आदमी तुरन्त गाँव चला गया। कमला ने कहा यह अपने बाप को बचाएगा।

मैंने कहा, "कमला, तेरे ससुराल की घुट्टी में मुहब्बत के कीड़े हैं। देखो, तीन पीढ़ियाँ एक साथ मुहब्बत करने में जुटी हुई हैं।" कमला हँसने लगी फिर बोली–

"प्यार कहाँ है! सारा मामला पैसे का है। वह औरत अपना खेत दे देगी तो खाएगी क्या? मेरा ससुर तो खेत चाहता है और कुछ नहीं।"

मेरे खयाल में वह मुकद्दमा अभी खत्म नहीं हुआ है पर कमला के ससुर

ने खेत उसे लौटा दिये हैं। कोई फैसला जरूर हुआ है। कमला अब इस बात पर चर्चा नहीं करती।

कमला का ससुर खेतों की लड़ाई लड़ते-लड़ते मर गया। जब उड़ीसा में बाढ़ आयी थी तब कमला की ससुराल में खेतों को, घर को बड़ा नुकसान पहुँचा था। तब कमला की चिन्ता का पारावार न था। सारा दिन लड़के की बात होती। मैंने कहा, उसे यहाँ आने को कह दे तो बोली ऐसा कैसे हो सकता है? सब लोग इधर ही आ गया तो खाना कहाँ से दूँगी?

कमला के बाबा बहुत बीमार चल रहे थे। यह जाने-जाने का करती पर कभी कोर्ट में किये मुकद्दमे की तारीख और कभी पैसों की कमी उसे तंग करती रही। फिर एक दिन कमला रोती हुई आयी कि मेरा गाँव से कोई आया है, बाबा के मरने की खबर है। मैं उसे क्या सान्त्वना देती! मजबूरी थी बस मौत पर छा गयी। रोते-धोते एक हफ्ता बीता तो पता चला कि बाबा मरे नहीं बहुत बीमार हैं। कमला ने दो-तीन सौ रुपये घर भेज दिये। बाबा दूध पिएँगे। पाँच-छह महीने और निकल गये, एक दिन फिर खबर आयी बाबा की मृत्यु को महीना-भर हो गया है। इसने बाबा के घर पर फोन से भी पता करवाया। भाभी आयी, पर उसने कहा बाबा चारपाई से उठ नहीं सकते, पर अभी ठीक हैं। कमला रोते-रोते यही कहती, "मुझसे झूठ क्यूँ बोला!"

मैंने कहा, "कमला तू क्या कर लेती?" वह बोली, "मैं बाबा के नाम से मन्दिर में कुछ चढ़ाकर आती।"

मैंने कहा, "बेटियों के हाथ का लगता नहीं है वह तो सब तेरे भाई को ही करना पड़ेगा।" झुँझलाकर कमला बोली–

"आपको समझाता नहीं है। मैं बाबा के नाम से देगी।"

मैंने कहा, "जरूर दो कमला, अगर इसी से तुम्हें सुख मिलता है तो मैं क्या कहूँगी।"

कमला की जब नयी-नयी शादी हुई थी तब इसका आदमी बहुत चाव भी करता था। कलकत्ता भी ले गया था। बेटा होने पर बड़ा खुश भी था। पर जब यह परी आ गयी तब कमला कभी उन दिनों को याद करती जब लड़का पैदा हुआ था तो पति झुँझला कर कहता, "वह सब बात मत करो मुझसे, अच्छी नहीं लगती।" कमला का बेटा जब यहाँ आया तो कमला का पति उसे अकेले में समझाता कि ताऊ का बेटा सगा नहीं होता है। पर कमला बताती है उसके बेटे के साथ बड़े भाई के बेटे का बहुत प्यार है।

कमला का बेटा शायद प्रेमचक्र से निकल आया है पर एक डुबकी लगाने

के बाद डूबने के इन्तज़ार में है। अभी समय नहीं आया। पैसा कमाएगा तो शादी बनाएगा। अभी उम्र भी नहीं हुई पर पन्द्रह-सत्तरह साल में एक झटका तो लगता ही है।

अब क़िस्सा कमला के डायवोर्स का सुनिए।

मैं कई बार कमला के साथ उस दफ़्तर में गयी। यह मुसीबतज़दा औरतों के लिए मुफ्त काम करने वाली संस्था है। औरतें-ही-औरतें। बड़ी वकील भी औरत है। यकीन मानिए, बरसों कमला वहाँ जाती रही, कुछ नहीं हुआ। वकील और संस्था का पता मुझे मेरी मित्र मधु किश्वर ने दिया था। कई सालों बाद कमला वहाँ से फाइलें ले आयी और इसके किसी और हितैषी ने वकील करके दिया है। इस वकील ने कहा था, साल के अन्दर-अन्दर डायवोर्स करवा देगा। अब तारीख़ पर तारीख़ पड़ रही हैं।

क्या एक औरत की ज़िन्दगी तारीख़ों का ही इन्तज़ार करती रहती है। क्या वकील या पुलिस वाले किसी भी बेकसूर आदमी के वह दिन लौटा सकते हैं जो अदालतों के चक्कर में ख़त्म हो जाते हैं। इन बातों से कोई फायदा नहीं। हजारों दर्दमन्द यह सोचते हुए मर गये, हजारों मर जाएँगे।

एक दिन मैंने कमला से कहा, "कमला, एक बार डायवोर्स हो जाने दे। फिर तुम अपने पति को घर की चाबी मत देना।" कमला बोली, "आपको कुछ पता नहीं है। मेरे हाथ में कोर्ट का कागज आ जाएगा तो मैं उसकी कॉपी करके इसको दे दूँगी। असली कागज आपके पास रखूँगी।"

मैंने कहा, "डायवोर्स के बाद यह अगर तुम्हारे पास रहेगा तो डायवोर्स माना नहीं जाएगा। इसको घर में घुसने नहीं देना।"

यह मैं कैसे कर सकती हूँ। मेरे लड़का का बाप है। अगर झगड़ा मारा-मारी करेगा तो पुलिस को कागज दिखा देगी। इसको पुलिस निकाल देगी।

मैंने कहा, "कमला जब यह तेरे पास ही रहेगा तब डायवोर्स कैसा?" कमला कहने लगी—"इतना गरमी में कहाँ जाएगा?...यहाँ रात भर कूलर की हवा खाता है। सरदी में रजाई में सोता है।"

मैंने जल-भुनकर कहा, "कमला अगर यह तेरे साथ रहा तो अदालत भी डायवोर्स नहीं मानेगी।"

"जाओ जाओ आपको कुछ पता नहीं है। एक बार डायवोर्स हो जाने दो, फिर यह डरकर रहेगा। आप तो समझता नहीं है।"

और मैं समझ गयी कि मुझे समझ नहीं है।

मनोहर श्याम जोशी

1933 में जन्मे उपन्यासकार, पत्रकार, पटकथाकार मनोहर श्याम जोशी हिन्दी साहित्य के उन चुनिन्दा साहित्यकारों में से एक हैं जिन्होंने अपनी श्रेष्ठ साहित्यिक कृतियों के साथ-साथ मनोरंजन के सशक्त माध्यम दूरदर्शन द्वारा घर-घर में पैठ बनाते हुए अपनी अमर पहचान बनाई है। भारतीय टेलीविजन के पहले सोप ऑपेरा 'हम लोग' के लेखक के रूप में उनका योगदान सदैव स्मरणीय रहेगा। विज्ञान विषयों से सम्बद्ध होते हुए भी पत्रिकारिता, साहित्य लेखन से वे आजीवन जुड़े रहे। अभिव्यक्ति के सभी खतरे उठाने को तत्पर जोशी जी विभिन्न पत्र-पत्रिकाओं में फ्रीलांसिंग करते रहे। 'कूर्मांचली' नाम से उनका लेखन कार्य साहित्य जगत एवं पत्रकारिता जगत में विशेष रूप से सराहा गया। 'धर्मयुग', अज्ञेय के सम्पादन में निकलने वाली 'दिनमान' पत्रिका, हिन्दुस्तान टाइम्स समूह की प्रसिद्ध पत्रिका 'साप्ताहिक हिन्दुस्तान' एवं अंग्रेजी पत्र 'वीक एण्ड रिव्यू' के सम्पादन कार्य में उन्होंने महत्त्वपूर्ण योगदान दिया। व्यावसायिक एवं गम्भीर चिन्तन उनके साहित्यिक व्यक्तित्व को नये आयाम प्रदान करता है। जोशी जी का व्यक्तित्व बहुआयामी है। प्रेस, रेडियो, टी.वी., वृत्तचित्र, विज्ञापन-सम्प्रेषण के लिए उन्होंने सफलतापूर्वक लेखन कार्य किया है। केन्द्रीय सूचना सेवा, आकाशवाणी की हिन्दी यूनिट में बतौर स्टाफ असिस्टेंट उपसम्पादक के रूप में कार्यरत रहते हुए भी वे अनवरत साहित्य रचना में संलिप्त रहे। उनकी प्रकाशित रचनाएँ हैं :

उपन्यास : 'कुरु-कुरु स्वाहा', 'कसप', 'हरिया हरक्युलीज की हैरानी', 'हमज़ाद ट-टा प्रोफेसर।'

व्यंग्य संग्रह : 'नेताजी कहिन', 'उस देश का यारो क्या कहना!'

साक्षात्कार : 'बातों बातों में।'

कहानी-संग्रह : 'एक दुर्लभ व्यक्तित्व', 'कैसे किस्सागो', 'मन्दिर घाट की पैड़ियाँ।'

सिनेमा पटकथा लेखन : 'एक परिचय' (मीडिया)।

टेलीविजन धारावाहिक : 'हम लोग', 'बुनियाद', 'मुंगेरी लाल के हसीन सपने', 'कक्का जी कहिन', 'हमराही', 'जमीन-आसमान और गाथा'।

फिल्म : भ्रष्टाचार, अप्पू राजा, हे राम, ज़मीन।

मनोहर श्याम जोशी लेखक को अभिव्यक्ति की स्वतन्त्रता प्रदान करने की दिशा में टेलीविजन को एक सशक्त माध्यम मानकर उससे आजीवन जुड़े रहे। मूलतः पत्रकार होते हुए उन्होंने अपने लेखन में यथार्थ जीवन की कटु सच्चाइयों को आत्मीयतापूर्ण प्रस्तुत करने का जोखिम उठाया। वे स्थितियों को प्रामाणिक ढंग से प्रस्तुत करने में सदैव अग्रसर रहे। यही कारण है कि उनके द्वारा रचित संसार पाठकों अथवा दर्शकों को कभी भी कृत्रिम नहीं लगा। अमृतलाल नागर, रघुवीर सहाय एवं अज्ञेय के सान्निध्य ने उनकी लेखनी को परिपक्वता प्रदान की। खेलकूद से लेकर दर्शनशास्त्र तक ऐसा कोई विषय नहीं जिस पर उन्होंने लेखन न किया हो। विषय-वैविध्य उनकी साहित्यिक कृतियों एवं धारावाहिक फीचर फिल्मों में सर्वत्र दृष्टिगत होता है। सन् 1984 में टेलीविजन धारावाहिक 'हम लोग' का लेखन कार्य आरम्भ कर उन्होंने जोखिम उठाते हुए धारावाहिकों के लेखक के रूप में लेखन की इस विधा का विस्तार किया।

भारतीय टेलीविजन के पहले सोप आपेरा—'हम लोग' के लेखक के रूप में उनका नाम भारतीय टेलीविजन के इतिहास में अमर हो गया। टेलीविजन माध्यम को एक मनोरंजक, लोकप्रिय एवं सशक्त माध्यम के रूप में स्थापित करने में उनके लेखन का कितना योगदान है यह आज भी शोध का विषय बना हुआ है। उनकी लेखनी का चमत्कार ही था कि मास्टर हवेली राम, लाजोजी, बड़की, छुटकी, देवकी भौजाई, मुंगेरी लाल, कक्का जी जैसे पात्र देखते-ही-देखते भारतीय परिवारों का अभिन्न अंग बन गये। व्यावसायिकता और साहित्यिकता का अद्भुत समन्वय उनके लेखन की विशिष्टता है। अनूठा कथानक दैनिक क्रिया-कलापों से ही लोकरुचि के विषयों का चुनाव करते हुए वे अपने चुस्त लेखन से ऐसा ताना-बाना बुनने में माहिर हैं जो उनकी सामान्य जीवन के प्रति गहरी समझ, अनुभवजनित स्थितियों की मार्मिकता को दर्शाता है। आम व्यक्ति की आशाएँ, महत्त्वकांक्षाएँ, स्वप्न भंग, समाज की भयावह सच्चाइयों को उन्होंने बेहद आत्मीय और प्रामाणिक ढंग से अपनी लेखनी में उकेरा है।

उपन्यास, कहानी हो अथवा धारावाहिक फीचर फिल्में गहरा आत्ममन्थन, सघन समग्रता बोध और बतरस से भरपूर उनकी शैली पाठकों-दर्शकों पर अमिट प्रभाव छोड़ते हुए मार्मिक अनुभूति कराती है। उनके द्वारा लिखित संस्मरण भी

साहित्य जगत में अपनी विशिष्ट पहचान रखते हैं। सपाटबयानी एवं मर्मस्पर्शी वर्णन करते हुए उन्होंने संस्मरण-साहित्य की अभिवृद्धि में महत्त्वपूर्ण योगदान दिया है। मनोहर श्याम जोशी का रचना-संसार वैविध्यपूर्ण है। जबरदस्त किस्सागोई, ट्रेजी कॉमिक का चक्कर, खिलंदड़ी भाषा से हिन्दी गद्य साहित्य में उन्होंने 'विलक्षण गद्य' की रचना की!

सन् 2006 में देहावसान।

हृषिकेश मुखर्जी के साथ ढाई दिन

मनोहर श्याम जोशी

हमें भी जाने क्या सूझी! ईश्वर और कमलेश्वर का नाम लेकर बम्बई जा पहुँचे। उद्देश्य—सिनेमा को अपनी साहित्यिकता प्रदान करना उर्फ अपनी साहित्यिकता को सनेमा का सहारा देना। जाते ही बम्बइया इण्डस्ट्री में अपने एकमात्र मित्र श्री हृषिकेश मुखर्जी उर्फ हृषि दा को घण्टियाया। बार-बार। हर बार उधर से एक अपरिचित आवाज सुनाई दी, 'आप कऊन?' चौदह वर्ष के दिल्ली वास के लगभग भुला दी गयी बम्बइया बोली को फिर से याद करते हुए हम हर बार कहते रहे कि हृषि दा को बोलो दिल्ली से जोशी आएला है, उसे कोई जरूरी बात करने का है—क्या? हर बार यही सुनने को मिला कि सा'ब घर पर नहीं हैं, जबी आयेगा तो बोल देंगा—क्या। आखिर रात के साढ़े दस बजे सा'ब फोन पर उपलब्ध हुआ और उसने अपनी खास गद्गद शैली तथा बंगाली लहजे में कहा? "आरे जोशि; कभी आया बम्बई, डाइरेक्ट इधर आ जाता! तो अभी आ जाओ न! हाँ लेट तो हो गिया है काल, शौकाले फर्स्ट थिंग इन द मार्निंग अऊर कोई प्रोग्राम नहीं है बस अपन दू जने बात करेंगे।"

तो अगले दिन सुबह टैक्सी लेकर हृषिकेश मुखर्जी की कार्टर रोड स्थित कोठी 'अनुपमा' पर पहुँचे। सागर-तट की शान्त-एकान्त बस्ती में भी इधर काफी परिवर्तन हुआ है लिहाजा कोठी ढूँढ़ने में थोड़ी दिक्कत हुई। कोठी के गेट पर 'कुत्तों से सावधान' की तख्ती बदस्तूर लटकी हुई थी और अन्दर लान पर छोटी विलायती नस्लों के कई सफेद कुत्ते गहन समाधि लेकर प्रचण्ड आक्रमण तक की विभिन्न मुद्राओं में उपस्थित थे। इस शानदार श्वान-स्वागत में हम किंचित किंकर्त्तव्यविमढ़ हुआ चाहते थे कि भीतर से हृषि दा की आवाज आयी, "आरे देखो बाहिर कऊन आया है अऊर जरा कुत्ता लोग को बाँधो।"

एक भृत्य प्रकट हुआ और हमें सही-सलामत अन्दर तक पहुँचा आया।

हृषि दा का घर पहले भी हर पहुँचे हुए इण्टैलैक्चुअल के घर की तरह

खासा अस्त-व्यस्त रहता था। पर इस बार कुछ ज़्यादा ही अस्त-व्यस्त नज़र आया। शायद उसका कारण यह था कि विधुर होने के बाद हृषि दा इस दुमंजिली कोठी में अकेले हैं। फिर कुछ यह भी था कि नीचे की मंजिल पर अपनी बैठक को वह फिल्म देखने के कक्ष का रूप दिलवा रहे थे और इस सिलसिले में बढ़ई लोग व्यस्त थे।

जब हम बैठक में दाखिल हुए हृषि दा अपने प्रिय तख्त पर कई आकार-प्रकार के तकियों के सहारे अधलेटे थे। छोटे-मोटे कुत्ते तख्त पर और तख्त के आस-पास उछल-कूद मचाये हुए थे। एक अपरिचित सज्जन हृषि दा की मिजाजपुर्सी में मशगूल थे और कुछ इतनी गम्भीरता से कि शुरू में हम उन्हें डॉक्टर समझे।

हृषि दा ने फौरन तकिये का सहारा लेकर उठने की एक विफल कोशिश की और एक कराहती हुई आवाज में हमारा स्वागत किया। और यह सूचना दी, 'मनोहर, अरे यू डाण्ट नो आई हैव बीन सो सीक, सो सीक।'

हृषि दा बीमार हैं यह सुनकर हमें याद आया कि हृषि दा की बीमारी का इतिहास इतना लम्बा है कि बम्बइया इण्डस्ट्री के लिए यह बीमारी एक मजाक बन चली है। ऐसा नहीं कि वह रुग्ण न हों। उन्हें हाथ और पाँव के जोड़ों में बहुत बुरा गठिया है और मर्ज लगभग लाइलाज है। लिहाजा उसके विभिन्न उपचार चलते रहते हैं जो सभी साथियों के लिए कुतूहल का विषय बनते हैं। फिर कुछ यह भी है कि रोगी होने के बावजूद वह काम तो किये चले जाते हैं, गो बीच-बीच में खाट पकड़ लेने की धमकी देते रहते हैं। यह भी गौरतलब है कि हृषि दा के गठिया के दर्द का मूड से भी बहुत सम्बन्ध रहता है। मूड उखड़ा तो दर्द से कराहने लगे, मूड काम में, बातचीत में या शतरंज खेलने में रमा तो दर्द भूल गये।

इस समय हृषि दा बम्बई के विख्यात अस्पताल 'जसलोक' में दो हफ्ते रहकर अपने रोग की विस्तृत पड़ताल करवा के आये थे। पड़ताल के सिलसिले में जोड़ों का ऑपरेशन भी किया गया था, यह देखने के लिए कि कहीं कोई और माजरा तो नहीं। लेकिन सारी पड़ताल के बाद रोग वही लगभग लाइलाज 'गाउट' निकला। हृषि दा ने पड़ताल के हर पक्ष से हमें अवगत कराया। मिजाजपुर्सी के लिए आये दुबले-पतले चश्माधारी सज्जन अपनी प्रश्नावली से इस चर्चा को कुछ और मेडिकल बनाते रहे।

हम मुतबातिर चुप चले आ रहे थे लिहाजा कुछ कहने की गर्ज से हमने बताया कि कैसे हमारी पत्नी के भी बहुत दर्द हो गया था और दिल्ली के एक

मशहूर डाक्टर ने उन्हें दर्द दबाने और बात दूर करने की कोई भी एलोपैथिक दवा नहीं लेने दी। हृषि दा ने इस घटना का और सम्बद्ध डाक्टर की योग्यता का पूरा ब्योरा हमसे चाहा।

हृषि दा को, जो बात करते-करते इधर उठ बैठे थे, सहसा याद आया कि मैं बीमार हूँ। तो एक लम्बी कराह भरकर वह लेट गये। उनकी कराह सुनकर एक वृद्ध गुजराती महिला भीतर से आयीं। उनके हाथ में पानी का गिलास और दर्द दबाने वाली दवा की कैप्सूल थी। उन्होंने हृषि दा से अनुरोध किया कि कैप्सूल खा लें। हृषि दा ने इनकार किया और फिर वृद्धा को बताया कि कैस ए अमारा दोस्त जोशि को बहुत दर्द हो गिया था लेकिन दिल्ली का सबसे बड़ा डाक्टर ऐसा दवा खाने को मना कर दिया। हमने हृषि दा को याद दिलाया कि मामला हमारा नहीं, हमारी पत्नी का था। लेकिन हृषि दा इस घटना के अपने ही संस्करण पर कायम रहे और बाद में मिजाजपुर्सी के लिए आने वाले कई लोगों को, जिनमें विनोद मेहरा और जया भादुड़ी भी शामिल थे, हृषि दा ने जोशि के जोड़ों में दर्द होने पर दिल्ली के सबसे बड़े डाक्टर द्वारा एलोपैथिक दवा न दिये जाने का किस्सा सुनाया। कुल मिलाकर यह कि उस दिन दवा के प्रति अपनी विरक्ति पर अडिग रहे।

वृद्धा ने कहा कि दवा नहीं खाते तो कुछ नाश्ता तो कर लो। हृषि दा कुछ जवाब देते उससे पहले ही उसने नौकर को बुलाकर अपने हाथ से बनाया हुआ शुद्ध गुजराती ढंग का नाश्ता मेज पर लगवा दिया। हृषि दा ने वृद्धा का परिचय अपनी धर्म माँ के रूप में कराया और बताया कि किस तरह अस्पताल में भर्ती होने की सूचना मिलते ही यह विमान द्वारा अहमदाबाद से यहाँ आ गयी थीं। हृषि दा के इस तरह के गैर-फिल्मी और गैर-बंगाली स्वजनों की सूची बहुत लम्बी है। नाश्ते के बाद बातचीत चल रही थी कि उनकी एक मराठी बहन आ गयीं जो हृषि दा की गर्दन, कोहनियों, घुटनों और टखनों पर सहारे के लिए रखे हुए तकियों के कोण बदलने में व्यस्त रहीं।

हृषि दा के यूनिट के लोग भी उनके लिए पारिवारिक प्राणियों की हैसियत रखते हैं। यह भी है कि परिवार के मुखिया के नाते वह इस बात को बहुत पसन्द नहीं करते कि उनके इस फिल्मी परिवार की प्रतिभा परिवार से कहीं बाहर जाये। यूनिट के स्वामिभक्त सदस्यों की भीड़ अब बाहर बरामदे में जमा होने लगी थी। भीतर भी हमारी तरह के कई एक-दूसरे से सर्वथा अपरिचित किन्तु हृषि दा से घनिष्ठ गैर-फिल्मी लोग विराजमान थे। अगर किसी चीज का अभाव था तो फिल्मी दरबार के लिए अनिवार्य चमचों का। यह उल्लेखनीय है

कि हृषि दा के यहाँ उनके स्वजन या मित्र किस्म के लोग बहुत मिल जाते हैं, चमचे नहीं। यह भी कि स्वयं हृषि दा ने कभी चमचागिरी नहीं की।

इस भीड़-भाड़ में अपने साहित्यिक की सिनेमाई महत्त्वाकांक्षाओं की जिक्र करते हुए हमें संकोच हो रहा था। लिहाजा विमल दत्त का सहारा लिया और उसने हृषि दा को बँगला में याद दिलाया कि जोशी अपनी तथाकथित साहित्यिक प्रतिभा को बम्बइया सिनेमा से ब्याहने के लिए पाँच प्यारे 'प्रपोजीशन' लेकर आये हुए हैं और आपने आज उन्हें इसी सिलसिले में बात के लिए बुलाया है। फिल्मी कहानी का नाम सुनकर हृषि दा बीमार से पुनः फिल्मकार बन गये। यानी अब तक तकियों का सहारा लिए लेटे थे और अब उठ गये। उन्हें हमने पाँचों कहानियों की थीम सुनानी चाही लेकिन आदेश हुआ कि एक समय में एक। पहली कहानी के बारे में हमने बताया कि यह अमुक अमेरिकी उपन्यास से प्रेरित है। इसके बाद हृषि दा ने थीम सुनने की कोई जरूरत नहीं समझी क्योंकि उन्होंने न सिर्फ वह उपन्यास पढ़ रखा था बल्कि लगभग 26 वर्ष पहले उस पर बनी हालीवुड की बहु-पुरस्कृत फिल्म उन्हें शाट-दर-शाट याद थी। हृषि दा में इस तरह की याददाश्त आश्चर्यचकित है। यों इस मामले में उनके छोटे भाई उनसे भी अधिक पहुँचे हुए हैं। हमें याद आया कि हृषि दा जब अपने पटकथा-लेखक से बात कर रहे होते हैं तब उनके छोटे भाई सम्बद्ध सीन के लिए बीसियों देसी-विदेशी फिल्मों के प्रसंगों का उल्लेख कर डालते हैं। जहाँ तक साहित्यिक ज्ञान का सम्बन्ध है बम्बइया इण्डस्ट्री में शायद ही हृषि दा मुखर्जी के जोड़ का कोई और व्यक्ति हो। मिसाल के लिए इस मुलाकात के समय हमारे हाथ में अमेरिकी आलोचक एडमण्ड विल्सन की अल्पज्ञात और एकमात्र कथाकृति 'मैमोयर्स आफ हैकेट काउण्टी' थी और यह भी हृषि दा की पढ़ी हुई निकली। इसके सम्बन्ध में उन्होंने हमसे बात की। बहरहाल अमेरिका से उड़ाई हुई हमारी फिल्मी कहानी नम्बर-1 हृषिकेश मुखर्जी के लिए कोई अनजान चीज नहीं थी और उन्होंने कहा कि अगर तुमने इसका बम्बइया फिल्मों की दृष्टि से अच्छी तरह रूपान्तर किया हो तो मैं निश्चय ही इसे बनाना चाहूँगा। उन्होंने बताया कि इस समय मेरी चार फिल्में लगभग तैयार हैं और जनवरी-फरवरी से मुझे चार फिल्में और शुरू करनी हैं। इन प्रस्तावित फिल्मों में से एक के निर्माता के पुत्र बाहर यूनिटवालों के साथ बैठे हुए थे। हृषि दा न उन्हें बुलवाकर हमारा परिचय प्रस्तावित फिल्म के सम्भावित लेखक के रूप में दे डाला। यह ऐलान भी हुआ कि फिल्म की कहानी मोहन स्टूडियो चलकर सुनी जायेगी। क्योंकि यहाँ बहुत भीड़-भाड़ है।

इसके बाद हृषि दा की निर्माणाधीन फिल्मों की चर्चा चल निकली। इनमें से तीन के विषय में वह विशेष उत्साही मालूम होते थे। एक बेरोजगार नवयुवक के बारे में है, दूसरी प्रौढ़ होकर शिक्षा ग्रहण करने वाले एक व्यक्ति के बारे में और तीसरी तस्करों के विषय में। इन तीनों फिल्मों के बारे में उन्होंने जो कुछ बताया उससे ऐसा महसूस हुआ कि हृषि दा 'अभिमान' या 'मिली' की भावुकता से हटकर 'सत्यकाम' या 'नमकहराम' की सामाजिक प्रतिबद्धता की ओर बढ़ना चाहते हैं।

निर्माणाधीन फिल्मों की बात चल ही रही थी कि उनमें से एक नायक विनोद मेहरा आ पहुँचे। वह हाल ही में अमेरिका में लोकेशन शूटिंग से लौटे थे और हृषिकेश के लिए बतौर उपहार फाउण्टेनपेन लाये थे। बहुत श्रद्धा से उन्होंने पेन भेंट किया और अपनी अमेरिकी यात्रा का संक्षिप्त विवरण देने के बाद उन्होंने यह जानना चाहा कि हृषि दा का स्वास्थ्य कैसा है।

बस हृषि दा शुरू हो गये। रोग पड़ताल का उन्होंने विस्तार से विवरण दिया और फिर यह बताया कि अब मैंने सब एलोपैथिक दवाएँ छोड़ दी हैं। शायद इससे उन्हें याद आया कि जब दर्द को दबाने वाली दवाएँ नहीं ली जा रही हैं तब दर्द अपनी जगह पर कायम होगा। वह फिर कराहते हुए लेट गये और तकिया विशेषज्ञ बहन ने उठकर सारे तकिये नये सिरे से जमा दिये।

विनोद मेहरा के बाद जया भादुड़ी आयीं, राही मासूम रज़ा आये, कुछ निर्माता आये और सबने हृषि दा को भयंकर दर्द से छटपटाते हुए देखा। हृषि दा ने ऐलान किया कि अब मैं मोहन स्टूडियो नहीं जाऊँगा। उन्होंने यूनिट वालों को बुलाकर काम समझाना शुरू किया। इस क्रम में वह अपना दर्द फिर भूलने लगे।

हृषि दा उन दिग्दर्शकों में से हैं जो फिल्म का एक-एक ब्योरा शूटिंग से पहले तय कर लेना चाहते हैं और हर काम सौ फीसदी अपनी मर्जी के मुताबिक होता देखना चाहते हैं। और तो और, हृषिकेश मुखर्जी अपनी फिल्मों के अधिकतर संवाद भी खुद ही बंगला में तय कर देते हैं। इस तरह से काम करने वाला आदमी जब एक साथ कई फिल्में बना रहा हो तब स्वाभाविक है कि झल्लाहट के मौके बहुत आते हैं। इस समय भी आये। यूनिट वालों ने बंगला में बोलते-बोलते जब भी वह झल्लाते, बम्बइया हिन्दी के कलकतिया संस्करण पर उतर जाते। इस झल्लाहट के बाद, सम्पूर्ण विरक्ति अंग्रेजी में अभिव्यक्त होती।

यूनिट वालों से इस बातचीत के बाद निर्माताओं के आदमियों की बारी

आयी। उनमें से एक ने बताया कि मैंने शूटिंग के लिउ दिन में दो बजे से शुरू होने वाली शिफ्ट ली है। हृषि दा ने कहा, "आप जो भी शिफ्ट रखें, मैं छह बजे चला जायेगा। अरे बाबा, अस्पताल वाला तो छोड़ते नहीं थे। एट माइ ओन रिस्क में आ गिया, शूटिंग का वास्ते में। डाक्टर मेहता को प्रोमिस किया जे डायाथर्मी का वास्ते रोज साढ़े छह बजे आऊँगा। अब तुम्हारा स्टार सैट पर पाँच बजा आयेगा तो भी हृषि दा तो छह बजा में चला जायेगा। घण्टाभर में जो हो, सो हो, नाट अ मीनिट मोर। तब ये नहीं कहना कि हृषि दा एक-दो शाट और कर लो—हँ-हँ। स्टार का डेट फिर मिलेगा नहीं—हँ-हँ प्लीज। ओ तो हमसे सकेगा नहीं। आई काण्ट कील माइसेल्फ।"

इतना कह कर हृषि दा फिर दर्द से पस्त हो गये।

जब दूसरे निर्माता का आदमी आया और निर्माणधीन फिल्म के सैटों की बात होने लगी तब हृषि दा का दर्द फिर कम होने लगा। उस आदमी से हृषि दा तब खफा हुए जब उसने सूचना दी कि जमाखोर के गोदाम के लिए कुल दो सौ बोरों का प्रबन्ध हो पाया है। हृषि दा बोले, "अभी दो सौ से कैसे काम चलेगा? मैं तो बोल दिया था कि आई वाण्ट हाण्ड्रेड्ज एण्ड हाण्ड्रेड्ज ऑफ बैग्स। एक बोरे पर दूसरा यहाँ से वहाँ तक और ओ ऊपर तक आई वाण्ट टु टिल्ट एण्ड पैन।" हृषि दा के हाथ बोरों को फिल्माते हुए कैमरे की तरह घूमने लगे, "अरे नहीं मिलता सीमेण्ट तो रेत भरो, कुछ भरो। कम-से-कम अढ़ाई हजार बोरा रखो।"

इस पर निर्माता के आदमी ने कह दिया कि खर्च बहुत हो जायेगा। बस, हृषि दा उखड़ गये, "अभी स्टार को पाँच लाख रुपये देने का होगा तो सकेगा—हँ! और जे हृषिकेश मुखर्जी स्टूडियो के बाहेर में फव्वारा का सैट ठीक करने को दो हजार रुपया लगाने को कहेगा तो नहीं सकेगा—हँ! दो हजार में फिल्म ओवर बजट हो जायेगा, पाँच लाख में नहीं होगा।" और फिर हमसे मुखातिब होकर, "एण्ड मनोहर तुम जैसा लोग बोलेगा कि हृषि दा अच्छा फिल्म नहीं बनाता।"

पूरी विरक्ति से हृषि दा ने ऐलान किया, "आई काण्ट मेक फील्म्स लाइक दीस," और कराहते हुए लेट गये।

इस सन्यास घोषणा के बाद यूनिट के सदस्यों ने उपयुक्त गम्भीर मुद्रा धारण की और विमल दत्त हृषि दा के पास जाकर खड़े हो गये। कुछ देर के मौन के बाद उन्होंने बहुत ही शान्त स्वर में हृषि दा से बांग्ला में वार्तालाप शुरू किया जो 'आप निश्चिन्त रहें, ऐसा कर दिया जायेगा।' ये शुरू हुआ 'तो

विमल बाबू लगे हाथ ऐसा भी कर दो, ऐसा भी कर दो, ऐसा भी कर दो' पर खत्म हुआ। विमल दत्त और यूनिट के दूसरे लोग स्टूडियो जाने के लिए बाहर निकले और हम भी उनके साथ हो लिए। हृषि दा ने ऐलान किसा कि 'कल सबेरे से स्टूडियो में मेरे एडिटिंग रूप में जोशि की कहानी पर बैठक होगी, नो बड़ी शुड डिस्टर्ब अस।' उन्होंने हमसे कहा कि कल सुबह ही यहाँ आ जाओ, नाश्ता करके उधर चलेंगे।

कुछ देर के लिए यूनिट वालों के साथ मोहन स्टूडियो गये, ग्लैमरहीन वातावरण में ग्लैमर का निर्माण होते देखा, यह सूचना प्राप्त की कि हृषि दा अपना एडिटिंग रूम एक अन्य दिग्दर्शक को दिये हुए हैं, लिहाजा कल यहाँ स्टोरी कान्फ्रेन्स होने की बात में कोई दम नहीं हैं। हमने यूनिट वालों से जिज्ञासा की कि जब हृषि दा इतने अस्वस्थ और नाराज हैं तब केवल छह दिन बाद सभी फिल्मों के शूटिंग का कार्यक्रम शुरू कैसे हो सकेगा। उन्होंने हमें आश्वस्त किया कि हृषि दा अब भी बदस्तूर रूठने के बाद मनाने पर मान भी जाते हैं। और जब काम शुरू करेंगे तब उन्हें साढ़े छह बजे की डायाथर्मी की याद नहीं रहेगी।

स्टूडियो में हृषि दा के कमरे पर एक बड़ा-सा नोटिस लगा हुआ था—'यहाँ शतरंज न खेलें।' और ऐन उसी नोटिस के नीचे बाजी जमी हुई थी! हृषि दा की यूनिट में काम करने वाला हर व्यक्ति देर-सवेर अन्तर्राष्ट्रीय शैली का शतरंज खेलना और बांग्ला बोलना सीख लेता है। वक्त काटने के लिए हमने भी यूनिट के सदस्य के साथ शतरंज खेली और किसी फ्लूक से लगातार दो बाजियाँ जीत गये। यह जीत हमें अगले दिन काफी महँगी पड़नी थी।

दूसरे दिन सुबह-सुबह जब हम हृषि दा के यहाँ पहुँचे वह बाहर बरामदे में विमल दत्त के साथ निर्माणधीन फिल्म के कुछ दृश्यों को अन्तिम रूप दे रहे थे ताकि राही मासू रज़ा संवाद तैयार करने में जुट सकें। इससे निपटने के बाद हृषि दा ने हमें सूचना दी कि मोहन स्टूडियो में तो एडिटिंग रूम में कोई और काम कर रहा है। लिहाजा स्टोरी सैशन यहीं होगा।

उन्होंने आश्वस्त किया...'कोई आयेगा नहीं इधर, हम-तुम और विमल बाबू तीन जन बैठकर डिस्कस करेगा, दराज्जा बन्द कर देगा और बोल देगा कि हम इधर नहीं हैं।'

इस आश्वासन के बाद एक पेच, ''मगर हाँ, मनोहर यू नो समथिंग वैरी फार्चूनेट! कालकाटा का सबसे बड़ा आर्थोपेडिक सर्जन वह अपना फेमिली का

साथ में कहीं जाता है, इण्टरनेशनल कान्फ्रेन्स में तो मैं बोला आप होटल क्यूँ जाते, इधर ही आ जाओ। ही विल कम, आयेगा और मुझे एक्जामिन करेगा। वेरी फार्चूनेट!''

इसका स्पष्ट अर्थ यह था कि स्टोरी-सैशन डाक्टर साहेब के आने और एक्जामिन करने से पहले शुरू होने वाला नहीं है। थोड़ी देर बाद यह रहस्य खुला कि डाक्टर साहेब और उनका परिवार ही नहीं, कई और लोग भी बदस्तूर आ रहे हैं। देखते-ही-देखते फिल्मी और गैर-फिल्मी लोगों का मजमा लग गया। यूनिट के सदस्य बाहर बरामदे में शतरंज खेलने लगे। हमने हृषि दा के पुस्तकालय से उठाये हुए एक ताजा अमेरिकी उपन्यास को पढ़ने की कोशिश की लेकिन उस हंगामे में गुरु-गम्भीर किस्म का यह उपन्यास पढ़ा नहीं जा सका। लिहाजा शतरंज की बाजी देखने लगे। हृषि दा के यहाँ शतरंज की बढ़िया मार्बल-टॉप मेज है और उसी के अनुरूप बड़े-बड़े कलात्मक मोहरे भी। हृषि दा एक निर्माता से बात करके मेज की तरफ आये तो हमने उनसे कहा कि न हो तो डाक्टर साहेब के आने तक भीतर स्टोरी-सैशन ही कर डाला जाये।

वह बोले, ''ओ भी होगा, लेकिन पहला थोड़ा चैस। हम सुना काल स्टूडियो में हमारा असिस्टेंट को हरा दिया तुम। अभी हमसे खेलो।''

खेले और छककर हारे। हृषि दा शतरंज के उस्ताद हैं। इस खेल पर कोई पाँच सौ किताबें उनके पुस्तकालय में हैं और खेल के हजारों नक्शे उन्हें याद हैं। तो प्रतिद्वन्द्वी की जगह वह प्रशिक्षक बन बैठे और ढाई घण्टे विभिन्न 'गेम्बिट' समझाते रहे। शतरंज का सिलसिला डाक्टर साहेब के आने पर ही खत्म हुआ।

डाक्टर साहेब ने लंच से पहले हृषि दा की जाँच की और कहा कि आपको एलोपैथिक दवाएँ सहसा नहीं छोड़नी चाहिए। इस फतवे से ही हृषि दा होमियोपैथी परीक्षा भूल गये। गो पिछले दिन लन्दन के होमियोपैथ के बम्बइया अनुयायी उनकी परीक्षा शाम को आकर कर गये थे। अब हृषि ने जोशि समेत सब आने-जाने वालों को यह बताना शुरू किया कि कालकाटा के इण्टरनेशनल फेमस डाक्टर ने ऐलोपैथिक दवा लेते रहने की आवश्यकता पर जोर दिया। जोशि को सूचित किया गया कि स्टोरी सैशन लंच के बाद शुरू होगा।

लंच के दौरान हृषि दा डाक्टर साहेब के परिवारजनों से नितान्त घरेलू अन्दाज में बात करते रहे, पर डाक्टर परिवार उन्हें बम्बइया ग्लैमर इण्डस्ट्री की एक हस्ती के रूप में ही देखता-सम्बोधित करता रहा।

लंच के बाद हृषि दा ने सारी एलोपैथिक गोलियाँ खायीं और उनके प्रभाव से उनींदे हो चले। उन्होंने कहा, "मनोहर, मैं सारी रात सो नहीं सका। इट वाज सो पैनफूल, सो पैनफूल अभी क्या कहे। मैं जरा लेटेगा, पन्द्रह मिनट। उसके बाद स्टोरी सैशन। ठीक है तो।" हमने कहा, "ठीक है।"

फिर हम विमल दत्त के साथ बाहर बरामदे में बतियाते रहे और हृषि दा के जागने की प्रतीक्षा करते रहे। अनुभवी विमल दत्त ने बताया कि हृषि दा की पन्द्रह मिनट में जागने की कोई सम्भावना नहीं है। कहीं चले चलें, शाम को आकर देखेंगे। लेकिन हम डटे रहे और विमल दत्त को भी रोके रहे। पन्द्रह मिनट के तीन घण्टे हो गये लेकिन हृषि दा की नींद नहीं टूटी। हारकर विमल दत्त के साथ निकल आये। कई जगह से फोन किया और एक ही उत्तर पाया, साब अभी सोयेला है। फिर जब भी फोन किया एंगेज्ड पाया।

अगले दिन सुबह हृषि दा को फिर फोन किया और उन्होंने कहा, "भाई काल जो हुआ, उसके लिए तो आई एम वैरी सारी, आज तुम डेढ़ बजे आ जाओ तो। कोई गड़बड़ नहीं होगा, दिस आई प्रामिस।"

हम पहुँचे और सचमुच कोई गड़बड़ नहीं हुई। हृषि दा अकेले थे और हमारे इन्तजार में थे। हमारे पास रूपान्तरित उपन्यास का पूरा पोथा था। हृषि दा ने कहा, "इसे अभी पढ़ो मत, पहला अपने ही ढंग से बताओ कि यह कहानी किस तरह एडेप्ट किया है।" हमने सुनाना शुरू किया। जहाँ कहीं भी हम किसी महत्त्वपूर्ण दृश्य का उल्लेख करते, हृषि दा कहते इसे अपने एडेप्टेशन में से पूरा पढ़कर सुनाओ। वह आँख मूँद कर कहानी सुन रहे थे और कभी-कभी शक होता था कि ऊँघ न रहे हों। इस शक के मारे हम रुक जाते तो वह कहते, "आगे बोलो, आउर फिर क्या हुआ!" कहानी पूरी सुन लेने के बाद, हृषि दा ने उपन्यास में से, कुछ दृश्य फिर सुने। अब हम इस इन्तजार में कि वह कोई फैसला दें।

फैसला—"बात यह है मनोहर, जब तुम कहा कि उस अमेरिकी उपन्यास का एडेप्टेशन किया है तब फौरन हमारा दिमाग में यह आया कि जे आशोक कुमार के लिए बढ़िया फिलीम बन सकता है। लेकिन इसमें तुम बाप का करैक्टर बिल्कुल वैसा ही रखे जैसा ओरिजिनल में है ऐसा जला-भुना बाप दर्शक लोक का सिम्पैथी कइसा लेगा, जबकि वह जो कहता है सो ठीक है। बेटी का करैक्टर तुम वैसा ही रखा सो ठीक किया। उसका प्रेमी का करैक्टर भी थोड़ा बदल देने से ठीक होता था कि सब उसको बहुत अच्छा समझें सिर्फ

बाप पहचाने कि ओ बदमाश है। बेटी का फ्रेण्ड का करैक्टर तुम बदला उसे निट-विट बनाया मूरख-सा, सो ठीक किया कामेडी रिलीफ के लिए। लेकिन अगर तीनों मेन करैक्टर में सभी पेचवाला रखेगा, सभी को एक तरह से गलत, एक तरह से ठीक बनायेगा तो हमारा आडियेंस एक्सेप्ट नहीं करेगा। और जे तुम चाहेगा कि कुल इन तीन करैक्टर को लेकर दो घण्टे का फिलीम बनायें तो ओ भी पासिबल नहीं। दो-चार साइड करैक्टर लेना होगा।"

हमें मजाक सूझा, "असरानी, डेविड, वगैरह।"

हृषि दा बोले, "ओ जोक का बात नहीं। हिन्दी फिल्म का आडियेंस ऐसा स्ट्रेट ड्रामा नहीं चाहते कि बस तीन करैक्टर आपस में टकराता है और तीनों में कौनो पेच है जे। ऐसा ड्रामा लेगा तो फिलीम या छोटा हो जायेगा बहुत या फिर ड्रेग करेगा।"

इसके बाद हृषि दा ने परिवर्तनों की एक लम्बी सूची सुझाई और कहा कि अगर इनको कर डालो और कहानी में बेटी का जगह बाप को सेंटर में करो तो आशोक कुमार का अच्छा फिलीम बन सकता है। इसमें सीड है, यू डैवलेप इट दैट्स ऑल। अगर यहाँ रहेगा तुम तो रिवाइज्ड स्टोरी के लिए अगला सैशन में फिक्स कर सकता। अगर देहली जायेगा तो वहाँ से फिर उपन्यास का शक्ल में लिख कर भेजना होगा।

दोनों ही बातें मेरे लिए सम्भव नहीं थीं, लिहाजा अपनी सिनेमाई आकांक्षाओं से और हृषिकेश मुखर्जी से एक साथ विदा ली। हृषिकेश बाहर तक साथ आये। बरामदे में एक नव-तारिकानुमा बंगालन अपने अभिभावकों के साथ प्रतीक्षारत बैठी थी।

राजेन्द्र यादव

राजेन्द्र यादव का जन्म उत्तर प्रदेश के आगरा शहर में राजा की मंडी नामक मुहल्ले में मध्यवर्गीय परिवार में 28 अगस्त 1929 को हुआ। आपने हिन्दी विषय में एम.ए. की उपाधि प्राप्त की। किसी बन्धन में रहना राजेन्द्र यादव को पसन्द नहीं था परिणाम उन्होंने नौकरी करना अस्वीकार किया। नौकरी करने से आत्मसम्मान को ठेस पहुँचती है, संवेदना सीमित हो जाती है यह उनकी धारणा थी।

आपका साहित्यिक योगदान महत्त्वपूर्ण है। 'सारा आकाश', 'उखड़े हुए लोग', 'कुलटा', 'एक इंच मुस्कान', 'एक था शैलेन्द्र' आदि उपन्यास तथा 'रेखाएँ लहरें और परछाइयाँ', 'देवताओं की मूर्तियाँ', 'खेल खिलौने', 'जहाँ लक्ष्मी कैद है', 'अभिमन्यु की आत्महत्या', 'छोटे-छोटे ताजमहल', 'किनारे से किनारे तक', 'टूटना', 'अपने घर' आदि कहानी संग्रह और 'काँटे की बात' (हंस के सम्पादकीय लेख 12 खंडों में) प्रकाशित हो चुके हैं। इसके अतिरिक्त 'कहानी : अनुभव और अभिव्यक्ति', 'कहानी : स्वरूप और संवेदना', 'उपन्यास : स्वरूप और संवेदना' समीक्षा ग्रन्थों का लेखन आपने किया है। 'हंस' पत्रिका के सम्पादक के रूप में आपने कार्य किया। 28 अक्तूबर 2013 को निधन।

'मेरा हमदम मेरा दोस्त कमलेश्वर' राजेन्द्र यादव द्वारा लिखित रेखाचित्र है। जिसमें कमलेश्वर की चारित्रिक विशेषताओं पर प्रकाश डाला है। कमलेश्वर की लेखन की शैली को स्पष्ट करने के साथ ही कमलेश्वर के स्वभाव की ओर संकेत किया है। कमलेश्वर बड़े ही भावुक थे। जरा सी उपेक्षा उनमें आत्महत्या की इच्छा जगा देती और जरा सा प्यार उनकी आँखों में आँसू ले आता। अपने विचारों को निर्भीकता से व्यक्त करने की क्षमता कमलेश्वर में थी।

मेरा हमदम, मेरा दोस्त कमलेश्वर

राजेन्द्र यादव

"कमलेश्वर? कमलेश्वर साला सच बोल ही नहीं सकता..." दुष्यन्त बीड़ी मुँह में लगाकर कहता है। "वह जब गम्भीर हो, तब भी कुछ-न-कुछ 'उछालता' लगता है, उसे छिपाने के लिए ढेर-सा धुआँ नाक से निकालता है—ज़रा-ज़रा सी बातों में, और बिना वजह झूठ बोलता है। आप पूछिए—'मद्रास होटल की तरफ़ से आ रहे हो?' तो जवाब देगा—'नहीं, सिन्धिया-हाउस से चला आ रहा हूँ...' सूरत से बदमाश नहीं लगता?" मैं जोर से हँस पड़ता हूँ। दिल्ली में रोहतक रोड पर मैं और दुष्यन्त काफी नजदीकी फासले पर रहते थे और रोज मिलना होता था। एक दिन मैंने उसे समझाने की कोशिश की—"अब तू काफी बड़ा हो गया है। जिम्मेदार पद पर है। अपने अन्दर कुछ सीरियसनेस और सोब्राइटी ला, और यह बचकानी हरकतें बन्द कर। एक तो तेरी शक्ल ही ऐसी है कि गिरहकट और उठाईगीरे का गुमान हो और फिर तेरी यह करतूतें...।" दुष्यन्त ने मुस्कराकर काइयाँ निगाहों से मेरी ओर गौर से देखा कि मैं कितनी गम्भीरता से अपनी बात कह रहा हूँ, और फिर हो-हो करके अपनी मुरादाबादी हँसी हँसने लगा। बस, तभी से उसके दिमाग में बैठ गया कि वह शक्ल से भला आदमी नहीं लगता, और कोई दूसरा यह बात न कह बैठे, इसीलिए खुद दूसरों के बारे में यही कहता फिरता है। सुबह से कमलेश्वर दूसरा शिकार था...

लेकिन कमलेश्वर शक्ल से बदमाश नहीं, शैतान और इण्टेलिजेण्ट लगता है। हो सकता है दुष्यन्त ने कमलेश्वर को 'कैदियों' वाली उस पोशाक में देखकर ऐसा कहा हो जिसे वह गर्व से नाइट-ड्रेस कहता है, या इलाहाबाद में अश्कजी के यहाँ उमेश की शादी पर उसे बाकायदा साबुन और ब्रश लेकर मेरी और राकेश की हजामत बनाते देख लिया हो। लेकिन मूलतः कमलेश्वर बदमाश नहीं, दुष्ट—यानी मिस्चीवियस—अधिक है। शीन काफ से दुरुस्त तलफ्फ़ुज,

साफ और तराशी हुई सन्तुलित आवाज, बात को निहायत प्रभावकारी तरीके से कहने की कला, पतले-पतले होंठ, तीखे और फोटोजिनिक नक्श, साँवला रंग और शातिर आँखें...लगता है जैसे आप सचमुच किसी समझदार आदमी से बातें कर रहे हैं—एक हाथ ही उँगलियाँ खोल-खोलकर मेज पर हाथ पटक-पटककर वह आपको घंटों किसी ऐसी किताब, फिल्म, घटना, कहानी या चीज के बारे में सविस्तार, पूर्ण-आत्मविश्वास से बालाला रहेगा, जिसे न उसने पढ़ा है, न देखा है...और न उसके बारे में उसे कोई जानकारी है।

इसीलिए दुष्यन्त की इतनी बात सच है : कमलेश्वर अव्वल नम्बर का झूठा है। मुँह से जब वह झूठ बोलता है तो एक अच्छी कम्पनी होता है और कमल से बोलता है तो सफल कहानीकार। मुझे कोई आश्चर्य नहीं होगा, अगर वह भी एक दिन कृश्नचन्दर जैसा सफल और पॉपुलर कहानीकार बन बैठे...।

हर झूठा और पढ़ा-लिखा आदमी कहानीकार नहीं हो सकता, वरना आज सारे के सारे प्रयागवासी कवि-आलोचक कहानीकार हो गये होते और उनके चारणों को कहानी भी 'आधुनिक संवेदनाओं को वहन कर सकने वाली विधा' लगने लगी होती।...हाँ, हर कहानीकार को कहीं-न-कहीं झूठ को साधना जरूर पड़ता है। यह न हो तो उसकी कला और फोटोग्राफी में फर्क करना मुश्किल पड़ जाए। लेकिन कमलेश्वर ने झूठ को आदत बना लिया है। अपने एक प्रेम सम्बन्ध को लेकर, साहसहीनता के कारण वह झूठ बोला करता था, आज उसे ऐसे किसी बहाने की आवश्यकता नहीं है। जाने उसके कितने भाई और चाचा हैं, जिनके अक्सर एक्सीडेंट हो जाते हैं और वह अपने एपॉइण्टमेण्ट निभा नहीं पाता। इसके अलावा अपनी तरफ से गढ़-गढ़कर झूठ बोलना, या घटनाओं को बढ़ा-चढ़ाकर नमक-मिर्च लगाकर सुनाना उसकी प्रिय हॉबी है। और उसने हम सबके बारे में कुछ बहुत ही दिलचस्प चुटकुले गढ़ रखे हैं। इन्हें सुना-सुनाकर अक्सर वह महफिलों में कहकहे बटोरता है और 'खिंचाई करने' का आनन्द पाता है—'उखड़े हुए लोग और राजेन्द्र यादव का इलाहाबाद आगमन', 'दुष्यन्त जी इण्टरव्यू देने दिल्ली पहुँचे', 'मार्कण्डेय की लोक-गीत मण्डली', 'राकेश का विरोधी कैम्पों में मेल कराने का प्रयत्न'... इत्यादि दर्जनों चण्डूखाने के किस्से उससे आप सुन लीजिए। इनका उद्‌देश्य केवल दूसरों की टाँग खींचकर मजा लेना है, लेकिन जिन लोगों से उसकी लगती है उनके किस्सों में जहरीला डंक देना भी वह जानता है।

मेरा व्यक्तिगत परिचय कमलेश्वर से उन दिनों हुआ, जब दुष्यन्त, मार्कण्डेय और कमलेश्वर का त्रिशूल, त्रिवेणी का त्रास बना हुआ था। इन तीनों में

सबसे छोटे कद के, साफ कुर्ता-पाजामा पहने लड़के से लगने वाले कमलेश्वर को ही मैंने सबसे अधिक जिन्दादिल वार्तालापकर्ता के रूप में पाया। आज जैसी टेढ़ी और सी.आई.डी इंस्पेक्टर वाली शातिर निगाहें तब उसके पास नहीं थीं और देखने में मासूम लगता था; लेकिन बहुत ही हाजिर-जवाब, पुरमजाक, समझदार और तेज़ वह तब भी था। दिल्ली का एक छोटा-सा किस्सा सुनाये बिना नहीं जा रहा...

भूतपूर्व आलोचक और नई कविता के शास्ता कवि को दिल्ली-रेडियो ने कुछ अपेक्षाकृत और भी नये कवियों के साथ बुक कर लिया था, इसलिए जब प्रोग्राम के बाद वे बाहर निकले तो निहायत भन्नाये हुए थे—चेहरा उतरा हुआ और पाँव लड़खड़ाये हुए...सीधे स्टेशन की सवारी लेकर इलाहाबाद का टिकट लेने को उतारू। रेडियो और गैर-रेडियो के ये लोग दुनिया-भर की टीका-टिप्पणियाँ करते हुए पार्लियामेण्ट-स्ट्रीट पर चले आ रहे थे....लेकिन कवि जी एकदम चुप। कमलेश्वर से नहीं रहा गया और निहायत ही संजीदा स्वर में बोला—"...साहब, क्या आप घण्टे-भर के लिए मुझे अपना चेहरा उधार दे देंगे?" सब लोग चौंके—यह क्या माँग है? कवि ने प्रश्न-दृष्टि से देखा, गला सूखा हुआ होगा, इसलिए इशारे से ही पूछा—"क्यों?" "बस, सिर्फ घंटे-भर को ही चाहिए। फिर लौटा दूँगा।" अब सबने आग्रह किया—"क्यों भाई? आखिर मकसद तो बताओ!" तो निहायत मासूम लहजे में जवाब देता है, धीरे से—"जूते खाने को मन करता है।" बात शायद बहुत चुभ जाती, लेकिन कमलेश्वर का अंदाजेबयां और बाद के कहकहे.....

हाँ, तो मैं कह रहा था कि निहायत यथार्थवादी हाव-भाव, प्रभावशाली मुद्रा-मूड, साफ-सुथरी जबान, चरम आत्मविश्वास-भरा लहजा और उसे अर्थ देने का अपना व्यक्तित्व—और ठाठ, एक मूलतः झूठी बात के लिए—यह कमलेश्वर व्यक्ति नहीं कथाकार है। काल्पनिक रोमानी कथ्य, वास्तविक लगने वाला कथानक और घोर यथार्थवादी परिवेश...मैं इसे उसकी कला का गुर मानता हूँ, और दिल्ली की जिन्दगी पर लिखी गयी कहानियों तक में इसके भग्नावशेष हैं...शायद इसे ही रोमांटिक-यथार्थवाद कहते होंगे, जो कृश्नचन्दर में अपने सारे दोषों और खामियों के साथ मौजूद है। मैं अपने को पाठकों के उस दल में पाता हूँ जो कमलेश्वर की जबान पर मुग्ध है, लेकिन इस सत्य का ज्ञान मुझे सबसे पहले उसकी 'नीली झील' कहानी पढ़कर हुआ। 'नीली झील' की भाषा, उसका वातावरण, उसकी शैली की सांकेतिकता, और ऐन्द्रिय बोध के अनेक स्तरों को छू सकने वाली भंगिमा, सभी ने मुझे इतना आच्छन्न

और अभिभूत कर लिया कि पहली बार तो मैं चकरा गया... जब दुबारा पढ़ा तो लगा कि और तो सब ठीक है, लेकिन मूल बात में कुछ गड़बड़ है; फिर कुछ समय बाद तो अपने आप साफ हो गया कि एक असम्भाव्य कहानी को यथार्थवादी जामा पहना दिया गया है—यानी निहायत सुरुचिपूर्ण, शिक्षित और सुसंस्कृत, सौन्दर्य-बोध और संवेदना वाले शहरी नवयुवक कवि को महेश पाण्डेय का शरीर दे दिया है। 'राजा निरबंसिया' में भी यही कमजोरी थी, लेकिन दुहरी-कथा का शिल्प उसे सम्भाल ले गया था। जहाँ यह कुंजी मेरे हाथ लगी तो पाया कि 'तीन दिन पहले की रात', 'डाक-बंगला', 'एक सड़क : सत्तावन गलियाँ'—सभी का रहस्य मेरे सामने खुलता चला जा रहा है—कि क्यों 'नीली झील' में पानी की छोटी-से-छोटी लहरीली सलवट और उस पर तैरता मरा पक्षी, खून की लाल धार और मुलायम घास सभी कुछ याद आता है—नहीं याद आते तो महेश पाण्डेय और पारबती... कि क्यों डाक-बंगला में चीड़-वन का एक-एक पेड़, पहाड़ी पगडंडी पर दौड़ता घोड़ा, बर्फीली सुनसान घाटी में भटके हुए लोग—सभी याद रहते हैं, नहीं याद रहती तो खुद वह औरत—जिसके बूते पर डाक-बंगले का प्रतीक गढ़ा गया है... 'एक सड़क : सत्तावन गलियाँ' का बस-अड्डा—(जिसे मैं शानी के 'कस्तूरी' वाले बस के अड्डे से कभी-कभी कन्फ्यूज कर जाता हूँ...) वहाँ आती बसें, उड़ती हुई धूल, आवाजें लगाते, बीड़ी पीते क्लीनर-ड्राइवर, रामलीला... सभी दृश्य सामने आते हैं।

कभी-कभी मुझे आश्चर्य हुआ करता था कि जिस व्यक्ति की निगाह से वातावरण का महीन-से-महीन डिटेल और नाजुक रेशा न छूटे, जो जड़ परिवेश को सजीव मूड दे देने की कला में ऐसा माहिर हो, उसकी आँख कथानक और व्यक्तियों की मोटी-मोटी असंगतियों पर क्यों नहीं जाती? और क्यों कश्मीर का ऐसा खूबसूरत यथार्थवादी वर्णन देने वाली कलम, अगली ही साँस में सुन्दर नगर के ठेकेदार की बकवास सुनाने लगती है? मुझे लगता है कि कमलेश्वर का यही कॉनफिडैन्स उसे खुशफहमी देता रहा है, कि सामने वाला उसकी मनगढ़न्त कहानी को सिर्फ इसलिए गले उतारता जाएगा कि कमलेश्वर को बहुत आत्मविश्वास, खूबसूरत जबान और सही हाव-भाव के साथ बात को कहने की कला आती है...

लेकिन इधर मैं देख रहा हूँ कि 'कस्बे के कहानीकार' का स्टण्ट सफल कर चुकने के बाद से ही कमलेश्वर अपनी इस कमजोरी से पीछा छुड़ाने की कोशिश कर रहा है क्योंकि लेखक चाहे जितना झूठ बोले, जिन्दगी में चाहे जितना बहके, उसका दर्द और 'गलत' का अहसास सबसे ज्यादा उसे खाता

है...लोग भूल जाते हैं, लेकिन वह खुद नहीं भूल पाता कि वह एक बिखरा और मरोड़ा हुआ व्यक्तित्व लेकर जी रहा है—जीने को मजबूर है। अनुभूति और कचोट, की यह तीव्रता ही बताती है कि कभी वह संवेदनशील और ईमानदार प्राणी है, वरना भटकन और खोयेपन के दर्द को वह 'खोई हुई दिशाएँ' जैसी जबरदस्त कहानी में कैसे उतार पाता? जाने-अनजाने गलतियों और झूठों के जितने गहरे तिलिस्मी जाल में कमलेश्वर फँसता चला जा रहा है, उतनी ही उसके लेखन में गहराई आती चली जा रही है, उसकी आत्मा की तड़प संवेदना को निखारती जाती है....मैं जब-जब उसे इस पहलू में देखता हूँ, मुझे ईर्ष्या होने लगती है। उसने जिन्दगी में, शाब्दिक अर्थ में पापड़ नहीं बेले—यह सही है, लेकिन वह राकेश और मेरी तरह 'हॉट-हाउस-ब्रीड' आदमी नहीं है। बाहरी और भीतरी कटुताओं ने उसके लेखन को निश्चित प्रगति और सान दी है—'इसे उसकी पहली अच्छी कहानी 'गर्मियों के दिन' से लेकर 'खोई हुई दिशाएँ' 'और दिल्ली में एक मौत' में देखा जा सकता है। उसने अपनी गलतियों से अक्सर कुछ सीखा है। वह खुद कहता है : "यह अहसास मुझमें न होता तो मेरा आज पता न होता—खोखले सामन्तवाद के जिस माहौल में मैं पला हूँ, उसमें क्या-क्या बुराइयाँ नहीं थीं, लेकिन बचपन में ही पितृहीन हो जाने ने मुझमें एक जिम्मेदारी का एहसास भी कर दिया..."

जिन्दगी हो या कला, सैकण्ड-हैण्ड अनुभवों पर जीना उस समय बहुत भारी पड़ जाता है, जब अपने पास उन्हें पचा सकने लायक शक्ति न हो। दूसरों की तरह कमलेश्वर ने भी लेखक-प्रकाशक बनकर अपना व्यक्तित्व खड़ा करना चाहा था—बिना अपनी और अपने साथियों की एकनिष्ठता को तोले हुए। उसी तरह सैकण्ड-हैण्ड अनुभवों पर शुरू की कुछ कहानियाँ लिखने की गलती थी उसने की थी...और चूँकि ये सारी कहानियाँ वे हैं, जिन पर अपने समय में काफी पुष्पवर्षा हुई है, इसीलिए मैं जानता हूँ कि कमलेश्वर अपने उसी शातिर अन्दाजपन में कहेगा—"यहाँ तो प्यारे, एक कहानी लिखते हैं, और साल-भर को निश्चिन्त हो जाते हैं। जब तक उस कहानी का घाव ठण्डा होता है, तब तक अगले साल फिर एक लिख देते हैं। तुम सब साले (यानी मैं और राकेश) इसीलिए तो कुढ़ते हो कि इसकी हर कहानी क्यों झण्डे गाड़ती चलती है....?"

मगर इधर उसने रोज झण्डे-गाड़ने शुरू कर दिये हैं। और इतने गाड़ दिए हैं कि वे गड़े-मुर्दे होकर रह गये हैं। इसीलिए उखाड़-उखाड़कर एक-एक झंडे को पाँच-पाँच, छः-छः जगह गाड़ा है। शिकायत के जवाब में अब वह इतना

ही कहता है—"यार, इन सबको संग्रह में थोड़े ही दूँगा। लेकिन बताओ, इतना न लिखूँ तो क्या करूँ? कैसे रहूँ?" इस सबके बावजूद, कमलेश्वर की शायद ही कोई कहानी हो, जिसने कहीं-न-कहीं मुझे अपनी सामर्थ्य का अहसास न करा दिया हो...कभी प्रारम्भ का वाक्य ही ऐसा होता है कि तबीयत फड़क उठती है और कभी बीच में ऐसा कुछ आ जाता है कि गुस्सा आता रहता है—यह कमबख्त सारे दिन इस या उस तिकड़म में लगा रहता है, और यह सब लिख किस समय लेता है? इसका कमरा क्या है, अच्छा-खासा वेटिंग-रूम है। कोई-न-कोई बैठा ही रहता है और हाँडी-जैसी ऐश-ट्रे में चारमीनार झाड़ते हुए आप प्रवचन पिला रहे होते हैं। कभी-कभी वेटिंग-रूम एक ऐसी धर्मशाला में बदल जाता है, जहाँ खाना-कपड़ा से लेकर हजामत का सामान, जूता और जेब-खर्च सभी कुछ बिना 'ऑब्लिगेशन' मिलता हो, और गुसलखाना साफ करने वाला जमादार भी—बिना किसी सुविधा संकोच के—सिगरेट या ब्लेड खुद निकाल लेना अपना अधिकार मानता हो। मैं इन मामलों में कुछ फ्यूडल हूँ और ये बातें मेरा मूड खराब कर देती हैं, लेकिन खुद तंगी और तकलीफ में धर्मशाला के यात्रियों के बीच निहायत इत्मीनान से औंधा लेटा, अपनी बेहद सधी, खूबसूरत हैण्डराइटिंग में किसी कहानी को पहली और अन्तिम बार लिख रहा होता है...उसकी यह शान्ति और एकाग्रता मुझे जलाकर खाक कर देती है।

मन्नू 'नई कहानियाँ' का विशेषांक सम्पादित कर रही थी। चाहती थी कि जैसे भी हो, मेरी, राकेश और कमलेश्वर की कहानियाँ जरूर जाएँ। उन्हीं दिनों कमलेश्वर नई कहानियाँ का सम्पादक हुआ था, और मैं उसी सिलसिले में दिल्ली आया था। उसके साथ ठहरा था। कमलेश्वर की व्यस्तता का क्या कहना! उसे कहानी लिखने का समय ही नहीं मिलता था। जब कहो तो नकियाए स्वर में कह देता, "तों यार, जांन क्यों खांता है, सुबह कहांनी ले लैना...।" ऐसी जाने कितनी सुबहें हुईं, और समय नहीं रह गया। एक दिन सुबह उठकर देखा तो तकिये को मरोड़कर पसली के नीचे रक्खे, मेंढक-मुद्रा में कथाकार कहानी पर जुटे हैं ...मैं चुपचाप भीतर बैठकर सिगरेट पीने लगा। वह वहीं से बोला—"कहानी शुरू कर दी है..।" और उठकर भीतर आ गया ...दो सिगरेटें पीं, और नमाज पढ़ने की तरह घुटने सामने मोड़कर फिर लिखने लगा। कोई साहब मुझसे मिलने आ गये, तो हम वहीं बातें करने लगे...उसने माफी माँगने के स्वर में कहा—"बस, अभी कहानी खत्म करता हूँ...इस वक्त ...नायिका बहुत ही भावुक डायलॉग बोल रही है।" हम लोग बातें करते रहे, वह सामने पलँग पर बैठा लिखता रहा। पन्द्रह मिनट बाद बोला—"भावुकता

कुछ ज्यादा हो गयी है, बस जरा-सा यथार्थवादी वातावरण डाला कि ठीक हुई...थोड़ा सा नीम का सरसराना...धूल का उड़ना...दीवारों की धूप..." फिर पन्द्रह मिनट बाद...“यार, बड़ा करुण प्रसंग आ गया है, श्मशान का दृश्य है...।" कहकर काइयांपने से हँस पड़ा—“बस, इसके बाद एक मोड़ दिया कि कहानी खत्म...।" और दस-पन्द्रह मिनट बाद ही कहानी मेरे सामने फेंक कर कहा—“लीजिए साहब, कर दीजिए मन्नूजी को खबर!" कहानी में कहीं कोई काट-छाँट नहीं....नाम रक्खा—'जो लिखा नहीं जाता।'

मैं सचमुच दंग रह गया! दो आदमी सामने बैठे बातें करें, और मैं रुक-रुक कर ऐसे हलकेपन से हर स्थिति की खबर देता जाऊँ...यह मेरे लिए कतई ...कतई मुमकिन नहीं है। “इसे कहते हैं कहानी लिखना... तुम और राकेश कहानी लिखते हो? दण्ड पेलते हो दण्ड!" बड़ी असंगत लगती है—ऊपरी बिखराव के साथ यह मानसिक एकाग्रता भीतरी शान्ति....।

शान्ति और एकाग्रता केवल उस समय जब कलम हाथ में हो, वरना कमलेश्वर से कभी मिल लीजिए, कहीं मिल लीजिए... वह या तो कहीं से भागता-दौड़ता चला आ रहा है, या जल्दी-जल्दी सामने का काम खत्म करके उसे भागना है। इस बीच के समय में बातें करते हुए हमेशा लगेगा कि वस्तुतः उसके दिमाग में कोई गहरी तिकड़म चल रही है। वह बातें आप से कर रहा है, लेकिन दिमाग में जल्दी-जल्दी कुछ योजनाएँ बना रहा है...और मेरी लेखकीय दृष्टि बता देती है कि वह प्लेनिंग लेखन-प्रक्रिया नहीं है। इस तरह की तिकड़मभरी प्लेनिंग राकेश के दिमाग में भी चलती रहती है, लेकिन कमलेश्वर का चेहरा उस तनाव को जाहिर कर देता है। यही कारण है कि वह राकेश की तरह अपने घनिष्ठ-से-घनिष्ठ मित्र के साथ दुराव नहीं बरता पाता, न बाद में रोता है कि उसके मित्र उसकी ईमानदारी में शक करते हैं, कि वह दुनिया में बहुत अकेला और अन-समझा है...

इसलिए कमलेश्वर की यह बेचैनी—एक ऐसे व्यक्ति की बेचैनी लगती है, जिसके भीतर जीवन का स्रोत, प्लावन की तरह बह-निकलना चाहता हो, और उसकी समझ में न आता हो कि उसका वह क्या करे....। लिखते-लिखते उठेगा, गुड्डी को ऊपर-नीचे झुलाएगा, रसोई में जा कर दो-चार कौर कुछ चबाएगा और फिर आकर लिखने लगेगा; बातें करते-करते अचानक उठेगा, सिगरेट का धुआँ घूँटता हुआ इस कमरे से उस कमरे में झाँकेगा, खिड़की पर खड़ा होगा और फिर बातें करने लगेगा। रात को ग्यारह बजे सिगरेट लेने 'गली के कोने तक' जाएगा, आप प्रतीक्षा करते रहेंगे, और वह दो बजे लौटकर कुछ पढ़ता

हुआ सो जाएगा सुबह सात आठ पर फिर तैयार...उसकी यह बेचैनी हमेशा आप पर कुछ ऐसा प्रभाव डालेगी, जैसे वह कहीं फौजों को लड़ते छोड़ आया है और जाते ही उसे उनका चार्ज सँभाल लेना है...कोई लड़ाई है, जिसे फिर जाकर लड़ना है...

और शायद इस तरह लड़ते हुए उसे बुहत दिन हो गये हैं। कभी-कभी आशंका होने लगती है–किसी दिन वह हार तो नहीं जाएगा, और उसके मोती-जैसे अक्षर, लहजे का आत्मविश्वास, हाजिर-जवाबी और मजाकिया विट, शैली की खूबसूरती और वातावरण को मूड देने की कला–टूटे हुए कवच की तरह दयनीय तो नहीं हो उठेंगे? क्योंकि यह लड़ाई सीधी और सरल नहीं है, यह विचित्र विरोधाभासों की लड़ाई है। यही क्या कम विरोधाभास है कि कमलेश्वर जिन्दगी के छोटे-छोटे झूठों के हथियारों से, युग के अनेकस्तरीय, सबसे बड़े झूठ के खिलाफ लड़ रहा है...हम सबकी तरफ से लड़ रहा है...

वह झूठ जो कभी उसे 'कम्यूनिस्ट' घोषित करके बी.बी.सी. लन्दन में मिलती नौकरी से हटाने की कोशिश करता है, तो कभी 'डेविल ऑफ पीस' और 'नई कहानी का औरंगजेब' बताकर अपने को 'शाहजहाँ' का गौरव प्रदान करता है..., तो मैंने कहा–"औरंगजेब तो ठीक है! लेकिन शाहजहाँ तो कई हैं, और हर शाहजहाँ दूसरे को पीछे धकेल कर कहता है–'असली शाहजहाँ मैं हूँ। मुझे पकड़कर कैद करो।' और मैं, मन्नू, कमलेश्वर देर तक हँसते रहते..."हाँ यार ये नैतिक पुनर्शस्त्रीकरण के स्तूप मुझे औरंगजेब बताते हैं...मेरे हाथ में हथियार देकर कहते हैं। मुझे मारो...।"

वह औरंगजेब के नहीं, अभिमन्यु के ज्यादा निकट पड़ता है...

और उसकी ऊपरी तेजी, एक हथियार की तेजी की ही याद दिलाती है–यह उसका स्वयं-आरोपित व्यक्तित्व है...जो व्यक्ति इस हथियार को लेकर लड़ रहा है, वह भीतर से बहुत सरल, संवेदनशील और अजहद भावुक है... ऐसा भावुक जो सिंसियर होने के सिवा कुछ हो ही नहीं सकता...आप गलत हों या सही, अगर वह आपका मित्र है तो फिर आपके लिए सब कुछ कर सकता है–आपके मित्र उसके मित्र हो जाते हैं : आपके शत्रु उसके शत्रु! राकेश का पीछा किया जा रहा था, और टैक्सियों में या अकेले में वहीं उसके साथ था–रात-दिन! राकेश को हवाई जहाज से बम्बई जाना था, और वही रात को सामान लेकर पालम पहुँचा था...सारे दिन भटककर रात को दो-दो बजे आता था, और हर समय किसी खटके की आशंका से चौकन्ना रहता था..."गुगलानीजी (राकेश) तो मजे से अपनी तिन्नी को लेकर बम्बई उड़ गये,

और अगले दिन फत्तो पाँच लड़कों को लेकर मुझे पीटने आ पहुँचे...।'' यही नहीं, आज जयन्त की समस्या हल कर रहे हैं कल जोशीजी की शादी करने में बड़े भाई बने हैं, परसों नरेश का सामान लदवाये चले आ रहे हैं। हाँ, यह पता लगाना जरा टेढ़ी-खीर है कि किन क्षणों में उस पर एकदम विश्वास किया जा सकता है, किन क्षणों में बिल्कुल नहीं...चारों तरफ से कमरा बन्द करके अत्यन्त गम्भीरता से वह जिसके साथ तीन घण्टे बातें करता है, विश्वास देता और लेता है—हो सकता है, उसके सीढ़ियाँ उतरते ही कहे—''चुगद कहीं के! कमलेश्वर ही एक बेवकूफ मिलता है...दुनिया-भर की तवालतें ले विश्वास में आकर ब्लैंक चेक दे दे, और आप बैठे-बैठे मक्खन खाएँ...उस वक्त कमलेश्वर को याद भी न करें...।''

उसके इलाहाबाद और दिल्ली के मित्रों ने उसका जिस तरह 'उपयोग' करना चाहा है, वह उसे तल्ख भी बना देता है....वह कुढ़ता है, भन्नाता है, लेकिन जब सामने आकर वे कन्धे पर हाथ रखकर, आँखें गीली करके कहते हैं—''यार कमलेश्वर, तू समझता नहीं है...।'' तो कमलेश्वर जी फिर भावुक हो जाते हैं।

भावुकता भक्ति और कमजोरी दोनों हैं—यह देखने के लिए कमलेश्वर के निकट आना होगा। क्योंकि उसकी भावुकता, बात-बात में बह निकलने वाली गिलगिली भावुकता कतई नहीं है।

भावुक लोगों की बहुत किस्में हैं। मैं उनमें दो तरह के भावुकों को जानता हूँ : कुछ लोग होते हैं जिन्हें ज़रा-ज़रा सी बातें छू जाती हैं। वे आपसे उम्मीद किये बैठे हैं कि मिलते ही आप उनसे उनके स्वास्थ्य के बारे में पूछेंगे, ''हल्लो'' कहकर आप उनके गले से लिपट जाएँगे, लेकिन आप निहायत संयत-भाव से, बिना कुछ बोले उनकी तरफ कॉफी सरका देते हैं, लीजिए साहब, उनकी भावनाओं को चोट पहुँच गयी और वे अब आँखों से आँसू भरे, आपकी बेमुरव्वती पर खफा हैं। जरा-सी उपेक्षा उनमें आत्महत्या की इच्छा जगा देती है, और ज़रा-सा प्यार उनकी आंखों में आँसू ले आता है। छोटी-छोटी बातों पर वे ऊपर से रोते, सिर धुनते हैं, खुश होते और नाचते हैं, लेकिन भीतर से निहायत व्यावहारिक, स्वार्थ-द्रष्टा और निर्विकार, कोल्ड, हिसाबी, उनका हर आँसू और कहकहा प्राणों का उन्मुक्त विसर्जन, सिर्फ हथियार या ढाल होता है—एक वैलकैलकुलेटेड इन्वेस्टमेंट। इसीलिए व्यवहार में ये लोग घोर प्रैक्टिकल और किसी हद तक क्रूर भी होते हैं। कोई बता रहा था कि गोएबल्स की आज्ञाओं पर जब हजारों बेकसूर यहूदी गैस-चेम्बर्स में

घुट-घुटकर दम तोड़ रहे होते थे, उस समय वह खुद बाख का संगीत सुनता हुआ, भाव-विभोर रो रहा होता था...गाँधीवाद ने तो इस तरह के भावुकों की पूरी एक फौज ही पैदा कर दी है...

दूसरी तरह के भावुक न बात-बात पर रोते हैं, न गदगदाते हैं। उनकी आँखों में आँसू नहीं आता, और भावना और विश्वास की एक नन्ही-सी गन्ध चुपचाप जिन्दगी की धार को मोड़कर चली जाती है, और पूरे होश में सुने हुए केवल दो छोटे-छोटे वाक्य, संघर्षरत सिपाही की आत्मा की धरोहर बन जाते हैं...हो सकता है, यह हद दर्जे की भावुकता ही हो, लेकिन कमलेश्वर की भावुकता कहीं 'उसने कहा था' के लहनासिंह की वंशधर भी है...उस दिन वह मेरे लिए सचमुच अभिनन्दनीय हो उठा था, जिस दिन हर प्राप्त सुविधा और साधन की कीमत पर उसने इस भावना को खरीदा था...

पाँचेक साल पहले की बात है : मैं कलकत्ता से आगरा जा रहा था। रीढ़ की हड्डी में दर्द था और बैठना मुश्किल था। कमलेश्वर ने हर तरह की सुविधाएँ जुटायी थीं कि मैं 'कुलटा' का उत्तरार्द्ध पूरा कर लूँ। होली का भूत बने हुए उसने मुझे कहीं से एक टाइपराइटर लाकर दे दिया था। रोज रात को देर तक हम लोग गप्पें लड़ाते, योजनाएँ बनाते। कमलेश्वर ने नया-नया प्रकाशन शुरू किया था, सो दुनिया भर का जोश मन में था। कुछ भी सुनने की फुरसत नहीं थी। रात को दो बजे जब वह मुझे स्टेशन छोड़ने आया, तो मैंने सवाल सामने रख दिया। खिड़की पर कुहनी टेके वह खड़ा था—"बेवकूफी ही सही राजेन्द्र, लेकिन है...जिन्दगी में सभी कुछ अच्छा करने का ठेका-लेकर तो हम आये नहीं थे..." रास्ते-भर वह मुझे निहत्थे अभिमन्यु की याद दिलाता रहा। शायद 'अभिमन्यु की आत्महत्या' कहानी की पहली चिनगारी वहीं मिली...।

यह वह खुद जानता है कि ऐसी भावनात्मक निष्ठा—एडॉलेसेंस और बेवकूफी ही है, एक ऐसी कमजोर पतवार जो जाने किस मंझधार में जाकर टूट जाए...शायद यह भी वह जानता है कि ऐसे ही नाजुक तलवे को बचाने के लिए नुकीले और खुरदरे जूते पहनने होते हैं...ताकि हर व्याध उसे ही निशाना न बना ले। और तब आदमी हठपूर्वक झूठा और सजग बनता है। भावनात्मक निष्ठा सचमुच एक कमजोरी है—यह अहसास उसे उकसाता और ललकारता है कि वह दुनियादार और साधन-सम्पन्न लोगों को उनके स्तर पर मात दे...यह दूरी चक्रव्यूही असहायता है...यह उनका बहुत संवेदनशील होना है, जो उसे एक के बाद दूसरी भूल-भुलैयों में ले जाता है...मजबूरी यह है कि न तो वह दूसरों की भावनाओं के प्रति क्रूर हो पाता है, न अपने

प्रति गैर-ईमानदार लेकिन अपने और दूसरों के बीच संगति नहीं बैठ पाती। तब निश्चय-अनिश्चय का द्वन्द्व उसके जीवन का पर्याय बन जाता है...उसके लिए निर्णय न ले सकना साहसहीनता नहीं—क्रूर और कैलस न हो पाना है। ईमानदारी से पूछा जाए तो आज व्यक्तिगत नैतिकता और परम्परागत नैतिकता के इस द्वन्द्व को पार कर लेना किस अकेले आदमी के बस का है? इसके लिए तो शायद पूरी एक संवेदनशील पीढ़ी को, निर्णय-हीनता की इस घुटन से गुजरना होगा क्योंकि निर्णय...वरण...चुनाव, कर सकने के लिए हममें से कौन स्वतन्त्र है? कौन कह सकता है कि उसने किसी-न-किसी भीतरी-बाहरी, दूर और पास की लाचारी में अपना हर निर्णय नहीं लिया है? फिर एक ही जगह दूसरे एब्सर्ड को चुनते चले जाने की अपेक्षा, न चुन पाने की इस मजबूरी को स्वीकार कर लेना सचमुच गैर-ईमानदारी ही है क्या? 'कुछ नहीं : कोई नहीं' से लेकर 'नीली झील' तक कमलेश्वर की अनेक कहानियाँ भावनात्मक निष्ठा, यानी परम्परागत नैतिकता के खिलाफ व्यक्तिगत नैतिकता की प्रतिष्ठा को आकस्मिक रूप से रेखांकित नहीं करतीं...

बहरहाल, दुष्यन्त की इज्जत की खातिर मैं इतना जरूर माने लेता हूँ कि कमलेश्वर अपना सच नहीं बोल सकता, मगर अपने युग और अपनी पीढ़ी का सच वह जरूर बोल सकता है! उसके पास जबान है और उसे बात करना भी आता है...क्योंकि इसी सच पर आकर बड़े-बड़े जबानदार लोग चुप हो जाते हैं...

❑❑